Georgia Tarsouli · Geheimzeichen „Fisch“

Georgia Tarsouli

Geheimzeichen „Fisch“

Zwei junge Griechen in Rom
zur Zeit des Kaisers Nero

ONCKEN VERLAG WUPPERTAL UND KASSEL

Oncken Taschenbuch

Übersetzung: Inez Diller

7. Gesamtauflage · 5. Taschenbuchauflage 1999

Umschlag: Junge & Kleschnitzki, Witten
Gesamtherstellung: Breklumer Druckerei Manfred Siegel KG
ISBN 3-7893-8022-9
Bestell-Nr. 628 022

Dieses Buch ist gedruckt auf 100 % Recyclingpapier

Lieber Leser!

Die beiden jungen Griechen, deren Abenteuer Du nun liest, sind Geschwister und wurden etwa 50 n. Chr. in Athen geboren. Damals beherrschte Rom die ganze Welt, und Griechenland war eine unterworfene Nation. Das Christentum konnte sich rasch ausbreiten, denn es gab den Menschen, die in Angst und Sorge lebten, neue Hoffnung. Die Apostel reisten durch die Provinzen des Römischen Reiches und predigten das Wort Gottes. Paulus selbst ist bis nach Athen gekommen und verkündigte in jener heidnischen Stadt Christus und die Auferstehung.

In dieser Zeit wird der junge Kaiser Nero zum Thronfolger des Augustus. Er steht in dem Ruf, ein Förderer der Künste und der Literatur zu sein. Die Steuerlast des Volkes mildert er und verspricht ihm «Brot und Spiele». Doch Nero ist von Höflingen umgeben, die jede Achtung vor dem Leben und der Würde des Menschen verloren haben. Von seiner Frau Poppaea angespornt, läßt er bald Zeichen von Größenwahnsinn erkennen, führt ein ausschweifendes Leben und schreckt dabei weder vor Gewalttaten noch vor Verbrechen zurück.

Unsere beiden jungen Griechen kommen im Sommer des Jahres 64 n. Chr. nach Rom, wo sie Zeugen des schrecklichen Feuers werden, das die Stadt zerstört und dem Kaiser einen Vorwand für die erste große Christenverfolgung liefert.

Inhalt

Erster Teil:
Von Athen nach Neapel

Zweiter Teil:
In Rom

Die Personen

Von Athen bis Neapel:

Philippos: Sohn des verstorbenen Athener Musikers Terpander
Myrto: Seine Schwester
Eurykleia: Die Großtante von Philippos und Myrto
Wissos: Ein Sklave, der früher Terpander gehörte, jetzt aber der Eurykleia
Gorgo: Eine Sklavin im Haushalt von Eurykleia
Diphilos: Philippos' Freund
Eainetos: Vater des Diphilos; einer der zehn Archonten in Athen
Silanos: Archon Eponymos
Dionysios: Areopagita: Führer der christlichen Gemeinde in Athen
Damaris: Eine reiche Christin
Naukratos: Ein Kapitän
Nearchos: Sein Sohn; Freund von Philippos

In Neapel:

Artemidor: Bruder des Terpander, der Onkel von Philippos und Myrto
Aelia Fevronia: Artemidors Frau
Aelius Pomponius: Fevronias Bruder
Lucilla: Fevronias Sklavin
Priskas: Pförtner im Haus des Artemidor
Artemicus: Prokurist in Artemidors Reederei; ehemaliger Sklave
Publius: Kutscher; Vertrauter des Artemicus

In Rom:

Kaiser Nero
Augusta Poppaea: Neros Frau; Kaiserin
Gaius Pompilius: Zenturio der Kaiser-Wache
Glaukias: Personalchef im Palast des Kaisers
Servilius: Römischer Offizier
Thisbe: Sklavin im Kaiserpalast
Eumolpos: Chormeister aus Alexandria
Lucius Rufus: Sohn des Statthalters von Alexandria; Chormitglied
Silvanus: Freund der Thisbe; Bäcker an der Via Appia
Calpurnia: Silvanus' Frau
Silvana: Silvanus' und Calpurnias Tochter
Marcus: Silvanas Mann; wohnt in Ostia
Virilus: Ein Angestellter bei Silvanus

ERSTER TEIL

Von Athen nach Neapel

1. Ohne Eltern, ohne Vaterhaus

Philippos erinnert sich . . .

«Komm, Philippos, komm, mein Junge, es wird Zeit, daß wir gehen», sagte meine Tante Eurykleia und strich mir zärtlich über den Kopf.

Es lief mir kalt über den Rücken. Ich hatte mich noch nicht an die kurzen Haare gewöhnt, und die Berührung meines frisch geschorenen Kopfes gab mir ein Gefühl, als sei ich nackt. Ich mußte daran denken, wie ich meinen üppigen Haarwuchs als letzte Gabe auf dem Grab meines Vaters geopfert hatte, und meine Augen wurden naß.

«Du darfst nicht weinen, Philippos», sagte wieder die alte Eurykleia. «Du bist jetzt ein Mann.»

Ich warf einen letzten Blick auf mein Vaterhaus, auf unseren Hof mit seinem Brunnen, mit dem Altar der Hausgötter, der noch vom letzten Opfer voll Asche war, auf die Steinbank in der Ecke, wo ich mit meinem Freund Diphilos beim Knöchelwürfel-Spiel gesessen und mit einem Messer mein erstes Brettspiel eingeritzt hatte, auf den Maulbeerbaum mitten im Hof — wer wußte, wann ich wieder von seinen Früchten essen würde. Weiter hinten sah ich die Tür zum Männersaal, zu dem auch ich seit dem letzten Jahr Zutritt hatte und wohin mein Vater mich manchmal rief, um Wein einzuschenken, wenn er mit seinen Freunden feierte. Ich dachte daran, wie mein Vater, nachdem er bei den Lenäen[1] den Musikpreis gewonnen hatte, freudig einen Künstler rief, der ihm die Wände mit Bildern von Thyrsosstäben[2], Gitarren und Efeukränzen ausmalen sollte.

[1] Lenäen: Im alten Athen wurde dieses Fest zu Ehren des Gottes Dionysos im Monat Januar gefeiert. Zu dem Fest gehörten viele Theateraufführungen.

[2] Thyrsosstab: Dieser mit Efeu und Weinlaub umwundene Stab gehörte dem Gott Dionysos.

Damals hatte er mich vor seinen Gästen singen lassen und war stolz darauf, daß alle meine Stimme lobten. Das war das letzte Mal, daß wir in unserm Haus gesungen und gelacht haben. Danach . . .

«Philippos, mein Junge, die Nacht soll uns nicht auf der Straße überraschen, komm jetzt!»

Ich seufzte, nahm meine Gitarre, den einzigen Schatz, der mir geblieben war, unter den Arm und lief zum Ausgang. Hinter mir kamen meine Tante und unser treuer Sklave Wissos mit einer Truhe auf der Schulter, die unsere wenigen Kleider enthielt. Wir hatten schon fast die Hoftür erreicht, als mir einfiel:

«Myrtos' Stieglitz!»

Ich lief zurück, die Treppe hinauf, und fand den Vogel oben im Dachgeschoß. Das Tier, das meiner Schwester gehörte, hatte in seinem Rohrkäfig schon das Köpfchen unter die Flügel gesteckt und wollte einschlafen. Ich schaute mich um, fand ein Kopftuch von Myrto, deckte den Käfig damit zu und ging hinab. Der kleine Vogel hüpfte aufgeschreckt in seinem Käfig hin und her und piepste dabei kläglich. Ganz außer Atem traf ich die anderen an der Hoftür.

«Komm, Wissos, schließ das Haus ab», sagte die Tante ernst. Wissos zog den schweren Flügel der Hoftür zu und drehte den Schüssel zweimal im Schloß um. Mir war, als sei damit nun auch meine sorglose Kindheit endgültig abgeschlossen.

Die Lampen waren bereits angezündet. Oben, auf dem heiligen Felsen der Akropolis, stiegen langsam die Rauchwolken eines Abendopfers in die Höhe, und von der Lanze unserer Beschützerin Athene war schon der letzte Sonnenstrahl gewichen, als wir das Haus meiner Tante Eurykleia auf dem äußeren Kerameikos erreichten. Wie oft war ich diesen Weg schon gelaufen! Denn Eurykleia war unsere einzige Verwandte, die Schwester meiner Großmutter. Sie hatte uns zur Seite gestanden, als unsere Mutter starb, und unser Vater liebte sie sehr. Immer wenn wir zu Hause ein Böcklein oder ein Spanferkel opferten oder wenn ein Freund oder Verehrer meines Vaters ihm einen Korb mit Obst und Süßigkeiten schickte, pflegte er einen Teil davon auf einen Teller zu legen, den er mir mit den Worten gab:

«Lauf, Philippos, und bring Tante Eurykleia ihren Anteil.»

Wie lang und endlos erschien mir heute dieser selbe Weg, den ich sonst in wenigen Minuten zurücklegte. Neben mir ging Tante Eurykleia mit schleppenden, müden Schritten. Ihr ärmliches Haus war jetzt unsere einzige Bleibe. Die Tür stand halb offen und Gorgo, ihre Sklavin, erwartete sie im Eingang.

«Warum setzt du dich nicht zu Myrto hinein?» tadelte sie die Tante.

«Weil drinnen ein Besucher auf euch wartet», erwiderte Gorgo und nahm ihr den Korb aus der Hand.

Die Tante zog ihr Kleid zurecht, schüttelte den Staub von ihren Sandalen und gab mir ein Zeichen mitzukommen. Ich hängte den Vogelkäfig an einen Nagel und trat ein. Mitten im Zimmer stand ein hochgewachsener Mann, der, wie mir schien, sich mühte, meine Schwester zum Reden zu bringen. Sie aber saß mit gesenktem Blick und spielte verlegen mit ihren blonden Zöpfen, die ihr Tante Eurykleia nicht hatte abschneiden lassen.

«Da seid ihr ja», sagte der Gast mit seiner tiefen, volltönenden Stimme, und sofort erkannte ich Eainetos, den Vater meines Mitschülers Diphilos, der zu den zehn Athener Archonten[1] gehörte.

«Sei gegrüßt, Eurykleia! Die Götter seien mit dir», fuhr er fort. «Guten Tag, Philippos. Beim Zeus, ich hätte dich fast nicht erkannt! Du bist groß und erwachsen geworden, ein richtiger Mann. Du scheinst mir viel älter als mein Sohn.»

«Das kommt, weil ich meine Haare abgeschnitten habe», antwortete ich und mußte dabei schlucken.

«Ja, mein Junge», sagte unser Gast und räusperte sich, «der Tod eures Vaters war ein großer Verlust nicht nur für euch Kinder, sondern für ganz Athen, denn mit ihm haben wir unseren besten Musiker verloren, und», fuhr er stockend fort, «deswegen wollte ich mit euch sprechen, mit deiner Tante, deiner Schwester und mit dir.»

«Setzt euch, Archon Eainetos», forderte Tante Eurykleia ihn auf. «Mein Haus ist bescheiden, aber seitdem Sulla[2] unser Vaterhaus zerstört hat, konnten wir uns noch nicht wieder so recht erholen.»

[1] In einigen griechischen Stadtstaaten waren die Archonten die höchsten Staatsbeamten.

[2] Sulla war ein römischer General, der 86 v. Chr. Athen eroberte.

«Das weiß ich wohl», stimmte ihr Eainetos zu und setzte sich.

Meine Tante schnitt den Docht der Öllampe, die sofort heller brannte, nahm einen Schemel und setzte sich mir gegenüber.

«Wie alt bist du, Philippos?», begann unser Gast, nachdem er ein paar Mal gehustet hatte.

«Ich werde sechzehn», sagte ich. «Mir fehlen noch zwei Jahre, bis ich den Ephebeneid[1] leisten muß.»

«Und deine Schwester?»

«Sie ist vierzehn. An den letzten Anthesterien[2] hat sie ihr dreizehntes Lebensjahr vollendet.»

«Hm», meinte Eainetos nachdenklich, «und ihr habt keinen andern Verwandten, weder väterlicher- noch mütterlicherseits?»

«Sie haben noch einen Onkel, einen Bruder ihres Vaters», sagte die Tante. «Aber Artemidor hat sich vor Jahren in Neapel in Italien niedergelassen, und wir haben schon lange nichts von ihm gehört und wissen auch nicht, wie es ihm geht. Ich glaube, er treibt dort Handel. Aber so lange ich lebe, haben die Kinder bei mir ein Zuhause.»

Sie erhob sich, nahm einen Becher Wein aus Wissos' Hand und bot ihn unserem Gast.

Der nahm den Becher, goß einen Tropfen auf den Boden und sagte:

«Möge der Schatten meines Freundes Terpander die Ruhe finden, die er verdient hat.»

Dann trank er den Wein in einem Zuge aus und fuhr fort:

«Ich weiß, verehrte Frau, daß du für die Kinder deines Neffen sorgen wirst so gut du nur kannst, aber das Gesetz verbietet Frauen, für Waisen Vormund zu sein, besonders für männliche. Wenn es keinen anderen nahen Verwandten gibt, übernimmt die Stadt die Erziehung der Kinder.»

Jetzt wollte Myrto etwas sagen, aber ich hielt sie mit meiner Hand zurück.

[1] Epheben: In Athen wurden die Bürgersöhne zwischen 18 und 20 Jahren ein Jahr lang militärisch und sportlich ausgebildet. Dann leisteten sie den Waffeneid und wurden für ein weiteres Jahr zum Wachtdienst verpflichtet.

[2] Anthesterien: Dieses dreitägige Blumenfest wurde alljährlich im Frühling zu Ehren des Gottes Dionysos in Athen gefeiert.

«Übrigens ist Athen den Kindern des Terpander gegenüber besonders verpflichtet, nicht nur weil euer Vater einer der berühmtesten Söhne der Stadt war, sondern auch weil er bei der Ausübung eines öffentlichen Amtes Vermögen und Leben verloren hat.»

Ich schaute unseren Gast erstaunt an. In den letzten Monaten hatte ich beobachtet, wie mein Vater sich Sorgen machte, wie er von Tag zu Tag schwächer wurde, wie aus unserem Haus nach und nach alle wertvollen Gegenstände verschwanden und wie unsere Sklaven fortkamen. Aber ich hatte nicht gewagt, nach dem Grund zu fragen, und mein Vater sprach von sich aus niemals über diese Dinge.

Eainetos bemerkte meine Verwirrung und schüttelte den Kopf:

«Mein Junge», sagte er, «ich merke, dein Vater wollte euch nicht traurig machen, aber jetzt ist es Zeit, daß ihr alles erfahrt.» Er blickte wieder meine Tante an und fuhr dann fort:

«Wie du weißt, Philippos, ist Athen vor ungefähr hundertfünfzig Jahren von Rom unterworfen worden. Wir haben unsere frühere Größe, unseren Reichtum und unsere ganze Macht verloren. Als Sulla kam, hat er nicht nur die ganze Stadt zerstört, wie deine Tante vorhin schon sagte, sondern hat Athen tatsächlich in Blut ertränkt und nur die Tempel verschont.»

«Das weiß ich», sagte ich und ballte meine Fäuste. «Ich habe es im Unterricht gelernt, und mein Vater hat es mir erzählt. Aber mein Vater hat mir auch gesagt, daß wir, wenngleich versklavt, niemals den Ruhm unserer Vorfahren vergessen dürfen, den wir in den Schlachten bei Marathon[1] und Salamis[2] und unter dem großen Strategen Perikles[3] erwarben.»

«Niemand vergißt das, Philippos», erwiderte Eainetos ernst. «Und wir werden auch nicht jene Verpflichtungen vergessen, die die Stadt gegenüber ihrer Schirmherrin Pallas Athene, gegenüber Dionysos, dem Erlöser, und den übrigen Göttern hat. Wenn Athen auch viel Schlimmes zugestoßen ist und wenn es auch arm geworden ist, so hat die Stadt doch nie versäumt, die Götter zu ehren und ihre Feste zu

1 490 v. Chr. gegen die Perser.
2 480 v. Chr. gegen die Perser.
3 443—429 v. Chr.

feiern: die Panathenäen[1], die Lenäen und die Großen und Kleinen Dionysien[2].»

«Ich weiß», unterbrach ich ihn, «seit drei Jahren singe ich den Dithyrambus[3], den mein Vater komponiert hat. Er hat ihn auch mit uns eingeübt . . .» Weiter kam ich nicht, denn meine Stimme versagte.

«Meinst du, davon hätte ich nicht gehört?» warf Eainetos ein. «Und wie du weißt, mein Junge, hat dein Vater nicht nur für den Dithyrambus die Musik komponiert und den Chor einstudiert, sondern auch für die Tragödien, die bei den Großen Dionysien aufgeführt wurden.»

«Auch mich hat er dieses Jahr mitgenommen, und ich sah die ‹Antigone› des Sophokles[4].» Meine Schwester öffnete zum ersten Mal den Mund.

«Die er vor vierhundert Jahren geschrieben hat, die aber immer noch zeitgemäß ist», stimmte Eainetos zu. «Aber die ‹Antigone› ist eurem Vater zum Verhängnis geworden. Wir Archonten hatten zum Chorführer Kritobulos bestimmt, einen reichen Athener. Nach altem Brauch sollte er alle Ausgaben für die Aufführung, den Chor und die Musikanten übernehmen. Jedoch unmittelbar vor dem Fest wurde er nach Rom gerufen. Vor seiner Abreise bat er deinen Vater, seine Schulden für ihn zu begleichen. Er würde ihm alles wiedergeben, sobald er aus Rom zurückkäme. Das Fest fand statt, aber Kritobulos kehrte nicht zurück.»

«Und warum kehrte Kritobulos nicht zurück?» fragte ich gespannt.

[1] Panathenäen: Alle vier Jahre wurde im alten Athen im Hochsommer dieses Fest begangen. In den dazwischen liegenden Jahren feierte man in kleinerem Rahmen. Die Panathenäen waren das Hauptfest der Athener und wurden zu Ehren der Göttin Athene abgehalten. Zu den vielen Festlichkeiten gehörten vor allem eine Prozession, verschiedene Opfer und sportliche Wettkämpfe.

[2] Ihre verschiedenen Feste pflegten die Athener vor allem mit Theateraufführungen zu begehen.

[3] Dithyrambus: Dieses altgriechische Kultlied, in dem Dionysos besungen wird, wurde später auch zu Ehren anderer Götter gesungen.

[4] Sophokles: (496—406 v. Chr.) Er schrieb Theaterstücke und gehörte zu den drei großen Tragikern.

«Weil sie ihn in Rom als Feind des Kaisers angeklagt, hingerichtet und sein ganzes Vermögen beschlagnahmt haben. So gehn die Römer nicht nur mit Fremden um, sondern auch mit ihren eigenen Landsleuten, sobald bekannt wird, daß sie reich sind. Da sah sich dein Vater gezwungen, weil er ja für den Chorhalter gebürgt hatte, Schulden zu machen. Er verkaufte seine Sklaven, sein Pferd und, wenige Tage vor seinem Tod, auch noch sein Haus.»

«Und das hat ihn ins Grab gebracht», sagte mit leiser Stimme meine Tante.

Ich konnte meine Trauer und meinen Zorn nicht unterdrücken und rief:

«Aber das ist doch ungerecht! Alle diese Ausgaben müßte die Stadt übernehmen.»

«Die Stadt oder vielmehr die Archonten, hielten es für besser, sich nicht in die Angelegenheiten des Kritobulos einzumischen», rechtfertigte sich Eainetos. «Die Zeiten sind eben schwierig, man weiß nicht, was auf einen zukommt», wandte er sich an meine Tante. «Aber wir werden die Waisen des berühmten Künstlers nicht ohne Schutz lassen», fügte er in amtlich-feierlichem Ton hinzu. «Und diese Nachricht wollte ich euch heute überbringen, um euch in eurer Trauer ein wenig zu trösten.»

Empört wandte ich ein: «Dieses Unrecht haben die olympischen Götter gewiß nicht gewollt.»

«Die olympischen Götter kümmern sich nicht um die Angelegenheiten der Menschen. Erwarte nicht zu viel von ihnen, mein Lieber», sagte er und klopfte mir auf die Schulter. «Sie haben ihre eigenen Sorgen.»

2. Der Gott der Christen

Myrto erinnert sich . . .

Ich will meinen Kummer vor meinem Bruder, der so teilnahmsvoll und gut zu mir ist, nicht zeigen, aber als er heute früh zum Unterricht fortging und ich meinen Singvogel versorgen wollte, packte mich ein solcher Schmerz, daß ich mich aufs Bett warf und weinte.

Tante Eurykleia kam herein und wollte mich trösten.

«Du darfst nicht verzweifeln, meine Kleine», sagte sie. «Gott läßt die Waisen nicht verloren gehen und tröstet die Traurigen.»

«Gott?», entgegnete ich. «Welcher denn von all den Göttern? Zeus oder Dionysos, dem mein Vater sein Leben lang so treu diente? Hast du nicht gehört was Eainetos gestern sagte?»

Tante Eurykleia schüttelte den Kopf und sagte: «Nicht diese Götter, mein Kind. Die sind nur Gebilde der menschlichen Phantasie. Sondern der eine, einzige und wahre Gott, der sich all seiner Kinder erbarmt und freiwillig auf die Welt gekommen ist, um uns Liebe, Güte und Gerechtigkeit zu lehren.»

Ich schaute sie mit weit aufgerissenen Augen an.

«Freiwillig ist er auf die Welt gekommen? Woher weißt du das?»

«Höre zu, Myrto», sagte die Tante mit ernster Miene. «Vor zehn Jahren kam ein sehr weiser Jude nach Athen. Er hieß Paulos, und am Anfang sprach er nur in den jüdischen Synagogen, aber seine Worte hatten so viel Feuer und Begeisterung und ergriffen alle, die ihn hörten, so daß man ihn schließlich vor dem Areopag[1] sprechen ließ. Da stellte uns Paulos zum ersten Mal den einen und einzigen Gott vor, der unser aller Vater ist und uns immer nahe ist, weil er uns als seine Kinder liebt.»

«Warst du dabei, als er das sagte?» fragte ich gespannt.

«Nein, leider nicht. Aber viele angesehene Athener haben ihn gehört. Darunter ein Verwandter meines verstorbenen Mannes, Dionysios Areopagita[2], der nach Paulos' Abreise dafür sorgte, daß

[1] Areopag: Ein Hügel in Athen, auf dem der Rat der Stadt tagte.

[2] Dionysios Areopagita war vielleicht der erste Bischof von Athen. Er starb als Märtyrer. Er und die Witwe Damaris sind durch den Apostel Paulus Christen geworden (Vergl. Apostelgeschichte 17, 34).

diejenigen, die seinen Worten glaubten, nicht wieder auseinanderliefen, sondern sich weiterhin versammelten, um mehr von diesem einen wahren Gott zu erfahren. Mit der Zeit sind wir immer mehr geworden. Heute abend haben wir wieder eine Zusammenkunft. Vielleicht möchtest du mit Philippos einmal mitkommen. Das wird bestimmt ein eindrucksvolles Erlebnis für euch beide.»

So gingen wir, Tante Eurykleia, Philippos und ich, an demselben Abend, sobald es dunkel geworden war, zu unserem ersten «Liebesmahl», wie diese Zusammenkünfte genannt werden. Sie finden im Haus von Frau Damaris statt, einer reichen Witwe, die uns herzlich aufnahm, nachdem die Tante uns vorgestellt hatte. Es kamen auch andere Leute, und alle steuerten etwas bei: der eine etwas Brot, der andere ein Körbchen Obst oder einen kleinen Krug Öl oder Wein. Tante Eurykleia erklärte mir diesen Brauch: Jeder, ob arm oder reich, trägt zu diesen Liebesmahlen bei, und Frau Damaris verteilt die Lebensmittel am nächsten Tag unter den Armen.

Wir waren ungefähr dreißig Personen und hatten uns in der großen Halle versammelt, in der zwei lange, schmale Tische aufgestellt waren. Männer und Frauen saßen da zusammen, aber ich hielt mich an der Hand meines Bruders fest, um nicht von ihm getrennt zu werden. Kaum hatten wir Platz genommen, da trat ein Mann mit grauem Bart und achtunggebietender Gestalt ein, zu dessen Begrüßung wir uns alle erhoben.

«Das ist Dionysios Areopagita», flüsterte mir die Tante zu. «Er ist gekommen, um das Brot und den Wein zu segnen und unter uns auszuteilen.»

Tatsächlich: die Sklaven reichten ihm zuerst einen Korb mit Brot, das er mit eigener Hand brach und an uns weitergab, danach einen großen Becher Wein, den er, nachdem er selbst davon getrunken hatte, seinem Nachbarn gab. Dann wurde der Becher weitergereicht und jeder am Tisch durfte davon trinken.

«Dies tun wir zur Erinnerung an das letzte Abendessen, das Christus vor seinem Tod gemeinsam mit seinen Jüngern zu sich nahm», sagte Tante Eurykleia. «Mach dir keine Sorgen, wenn du vieles noch nicht verstehst. Das kommt mit der Zeit.»

Sie reichten uns ein einfaches, aber schmackhaftes Gericht. Während wir aßen, betrachtete ich unsere Tischnachbarn. Die meisten waren einfache Leute mit von schwerer Arbeit geprägten Gesichtern. Die älteren waren in der Überzahl, es gab mehr Frauen als Männer. Aber in allen Augen leuchtete dasselbe Licht, das ihnen eine eigene Schönheit verlieh.

Als das Essen beendet war und die Sklaven die Tische abgeräumt hatten, begann Dionysios zu reden. Ich verstand vieles nicht von dem, was er sagte, nicht nur weil ich es zum ersten Mal hörte, sondern vor allem, weil es so ganz anders klang, als alles, was ich bisher über die Götter des Olymps gelernt hatte, die in den Tempeln verehrt werden und denen wir unsere Opfer darbringen. Er sprach von Jesus Christus, von seiner erniedrigenden Geburt in einem Stall zwischen Ochsen und Eseln, von seinen Wundertaten, seinem schmachvollen Tod am Kreuz und seiner wunderbaren Auferstehung. Ich war gefühlsmäßig so sehr ergriffen von dem, was ich hörte, daß Philippos meine Hand nahm und mir zuflüsterte: «Hör auf zu weinen, die Leute sehen uns schon an.»

Am Schluß seiner Rede sagte Dionysios, Gott habe uns alle in seiner Obhut und behüte uns, wie eine Henne ihre Küchlein unter ihren Flügeln. Heitere Ruhe und Trost erfüllten mein Herz, und ich spürte, wie die ganze Bitterkeit über den Tod meines Vaters sich löste. Ich drehte mich um und schaute Philippos an. Auch er schien mir verändert, denn er preßte seine Lippen nicht mehr zusammen, wie in der ganzen letzten Zeit, und blickte auch nicht mehr so finster drein. Und über das Gesicht von Tante Eurykleia hatte sich eine tiefe Ruhe gelegt.

Philippos erinnert sich . . .

Heute haben Myrto und ich die heilige Taufe empfangen. Seit zwei Monaten besuchen wir die Zusammenkünfte der Christen — so werden die genannt, die an Christus glauben —, und beim letzten Treffen sagte Dionysios, daß es nun wohl Zeit sei, richtige Mitglieder der christlichen Gemeinde zu werden. Da legten wir zum ersten Mal seit dem Tod meines Vaters die dunklen Kleider ab, flochten uns Bänder ins Haar und gingen mit Tante Eurykleia und Gorgo ins Haus der reichen Witwe, in dem die Zusammenkünfte stattfinden. Wir sollten zusammen mit ungefähr zehn anderen jungen Menschen getauft werden. Zu diesem Anlaß hatte Frau Damaris ihr Haus mit grünen Zweigen und weißen Bändern geschmückt — wie zu einem Fest. Sie führte uns in den schönen Innenhof, der nach römischem Stil mit schlanken Säulen umringt und mit einem Wasserbecken in der Mitte gebaut war. Nach kurzer Zeit kam Dionysios. Er segnete uns, indem er uns die Hand auf den Kopf legte, und forderte uns auf, unseren Glauben an den einzigen wahren Gott und an seinen eingeborenen Sohn Jesus Christus, der Mensch geworden, gestorben und am dritten Tage auferstanden ist, zu bekennen. Dann stieg er mit uns in das Wasser und taufte uns im Namen des Vaters, des Sohnes und des Heiligen Geistes. Als wir aus dem Wasser kamen, reichte Tante Eurykleia jedem ein neues, weißes Leinenhemd, als Zeichen — wie sie sagte — unserer Wiedergeburt. Dann küßten wir uns alle wie Geschwister und setzten uns zum Liebesmahl, das diesmal reichhaltiger und fröhlicher ausfiel als sonst.

Uns, den Neugetauften, wies Dionysios die Ehrenplätze rechts und links von sich an, und am Ende des Mahls mahnte er uns zu Liebe und Gemeinschaft, die wir untereinander pflegen sollten. Die Römer, meinte er, begegneten den Christen keineswegs wohlwollend, verkünde doch die christliche Religion, daß alle Menschen Brüder seien und daß es weder Sklaven noch Freie gäbe. Eine solche Lehre, so befürchteten sie, würde ihre Herrschaft gefährden.

Freilich hatte auch ich große Mühe einzusehen, daß Myrto, Tante Eurykleia und ich nun mit unseren Sklaven Wissos und Gorgo gleichgestellt sein sollten. Aber in letzter Zeit hatte ich beobachtet, daß Archonten wie Eainetos viel weniger Mitgefühl zeigten, als beispielsweise der schlichte Sklave meines Vaters, der entweder als Lastträger auf dem Markt arbeitete oder Holz aus dem Gebirge herbeischleppte, um sich ein paar Obolos[1] zu verdienen. Oder Gorgo: Sie saß von früh bis spät an einem Webstuhl, um ihrer Herrin zu helfen. Beide waren sie heute mitgekommen zum Fest, denn sie sind ja auch Christen. Und als sie uns, Myrto und mich, in unseren weißen Tuniken sahen, weinten sie ergriffen. Sie trauten sich freilich nicht, uns zu küssen, wie die andern, bis wir von uns aus sie umarmten und sich unsere Küsse und Tränen vermischten.

[1] Obolos: Eine sehr kleine griechische Münze von geringem Wert.

3. Später Besuch

Philippos erinnert sich ...

Der Rosenstock im Hof der Tante Eurykleia hatte schon seine ersten Knospen geöffnet, als eines Abends ein Besucher, den wir schon gar nicht mehr erwartet hatten, an unsere Tür klopfte. Es war Eainetos. Kaum daß er sich gesetzt hatte, begann er mich zu loben wegen meines guten Aussehens und erzählte mir, er habe erfahren, daß ich stets der Beste in Musik sei und dadurch das Andenken meines Vaters ehre. Auch Myrto pries er und sagte, sie sei gewachsen und werde wohl bald eine richtige Frau.

Nachdem er sich mehrmals den Bart gestrichen hatte, entschuldigte er sich, daß er sich so lange nicht hatte sehen lassen und betonte, der Rat der Archonten habe uns durchaus nicht vergessen, aber man habe zuerst den neuen Archonten Eponymos[1] gewählt, da der Vorgänger nicht die Billigung der Römer fand. Jetzt seien alle Entscheidungen noch einmal zu überdenken.

«Sieh, Philippos», sagte Eainetos, «der Kaiser Nero hat uns dem Worte nach wohl unsere Freiheit gegeben, aber in Wirklichkeit sind wir unter der Herrschaft Roms und können ohne dessen Zustimmung nichts tun.»

«Und was hat Rom mit mir zu tun?» fragte ich.

«Gewiß nichts mit dir», lächelte Eainetos herablassend, «aber mit dem Archon Eponymos und seinen Entschlüssen, denn er gibt nicht nur dem Jahr seinen Namen — weshalb er auch Eponymos heißt» — wurde ich belehrt, als ob das nicht jeder Schuljunge wüßte — «sondern er beaufsichtigt alles, was mit Erbschaft, Adoption und Vormundschaft zu tun hat. Also», sagte Eainetos und machte eine Pause, die uns auf das Folgende vorbereiten sollte, «also wir hatten das Glück, daß ein sehr namhafter Bürger zum Eponymos gewählt worden ist, der auch ein persönlicher Freund des Kaisers ist, nämlich Silanos.»

«Silanos!» rief ich entrüstet. «Aber das ist doch der Mann, der unserer Stadt ihre schönsten Statuen geraubt und sie nach Rom geschickt hat, darunter sogar Weihgaben aus den Tempeln.»

[1] Eponymos: Der Jahresbeamte eines altgriechischen Staates.

Eainetos räusperte sich, rückte auf seinem Sitz hin und her und ordnete die Falten seines Mantels, während Tante Eurykleia ihn besorgt anschaute.

Nach einer Weile fuhr er fort: «Tatsächlich hatte Athen übertrieben viele Standbilder, mehr als eine Stadt von ihrem heutigen Rang braucht. Da hatte sogar ein unverschämter Jude, ein gewisser Paulos, vor einigen Jahren die Frechheit, uns ins Gesicht zu sagen, die Stadt sei abgöttisch. Und was die Weihgaben betrifft, so ist es doch besser, wir schicken sie nach Rom, als daß unsere Priester sie beiseite stellen, wenn ihrer zu viele geworden sind. So schmeicheln wir nicht nur den Römern, die, ob wir es wollen oder nicht, nun einmal unsere Herren sind, sondern zeigen ihnen auch die Qualität der griechischen Kunst und lehren sie, diese zu achten und zu lieben und damit bestimmt auch ihre Schöpfer.»

Ich bemerkte, daß Eainetos heute viel vorsichtiger von den Römern sprach und sich dabei bemühte, alles, was sie taten, zu rechtfertigen. Vielleicht waren ihm die Vertreibung des letzten Archon Eponymos und Kritobulos' Leiden eine Lehre gewesen.

Und dann fuhr er fort: «Vielleicht gefällt dir nicht, was Silanos getan hat, aber du wirst ihm bestimmt dankbar sein, wenn du erfährst, was er zu deinen Gunsten beschlossen hat.»

Ich wollte etwas erwidern, doch Tante Eurykleia unterbrach mich und fragte:

«Woher kennt Silanos Philippos?»

«Philippos selbst kennt er sicher nicht, aber er kannte seinen Vater, den er sehr schätzte. Als er nun hörte, daß Terpander einen Sohn hat, der eine starke Neigung zur Musik zeigt, hatte er eine glänzende Idee. Ihr wißt ja, wie kunstliebend Nero ist. Man behauptet sogar, er habe selbst eine bewundernswerte Stimme. Nun, in diesem Sommer wird in Rom ein großer Gesangwettbewerb veranstaltet, und alle Provinzen des römischen Reichs werden ihre Chöre daran teilnehmen lassen. Da muß natürlich auch Athen dabei sein. Also meinte Silanos, daß auch Philippos mit diesem Sängerchor reisen sollte.»

«Ich soll nach Rom?» fragte ich.

«Unterbrich den Archon nicht», rügte mich Tante Eurykleia, als sie Eainetos' Unwillen bemerkte. «Laß ihn zu Ende reden.»

«Daß du mit dem Chor nach Rom gehst und mit ihm auch wieder

hierher zurückkehrst, ist nicht der springende Punkt. Entscheidend ist vielmehr, daß du als Stipendiat des Kaisers dorthin gehst und dort bleibst. Wie ich euch eben erklärte: Nero ist ein großer Freund der Künste. Vor allem Griechenland genießt seine Wertschätzung. Er soll sich vorgenommen haben, nach Griechenland zu kommen, um an den musischen Wettkämpfen in Delphi, Korinth und vielleicht sogar in Athen an den Lenäen und den Dionysien teilzunehmen.»

«Aber an diesen Wettkämpfen nehmen doch nur Griechen teil!» rief ich.

Eainetos schluckte verlegen und erwiderte nach kurzer Überlegung:

«Es ehrt uns, wenn ein Kaiser, der von den Göttern abstammt, ein gewöhnliches griechisches Publikum seiner würdig erachtet und als Wettkämpfer auftreten möchte. Da er außerdem die schönen Künste und besonders die Musik fördern will, befahl er jeder Stadt in Griechenland, einen mit einer schönen Stimme begabten Knaben nach Rom zu schicken, um dort auf Kosten des Kaisers Musik zu studieren. Silanos erntete starken Beifall, als er vorschlug, dich zu schicken, und natürlich haben wir Archonten seinen Vorschlag einstimmig angenommen. Mein lieber Philippos, so sichert dir die Stadt auf schönste Weise deine Zukunft. Nun sieh zu, daß du dich dieser Ehre würdig erweist.»

Tante Eurykleia saß unbeweglich wie eine Statue da und Myrto starrte mich voll Angst an.

«Vielen Dank, Archon Eainetos, und ich danke auch dem Archon Silanos», sagte ich und erhob mich. «Aber ich kann euer Angebot nicht annehmen. Ich möchte als Athener in Athen studieren, wo auch mein Vater seine Ausbildung empfangen hat. Und da die Römer zu uns kommen, um Philosophie, Rhetorik und die schönen Künste zu lernen, wäre es eine Schande für mich, nach Rom zu gehen, um dort Musik zu studieren. Außerdem will ich mich nicht von meiner Schwester und von meiner Tante trennen.»

Eainetos schien zunächst sehr betroffen, erhob sich aber dann, ordnete mit großer Sorgfalt die Falten seines Mantels und sagte mit ernster Miene:

«Ich hoffe, du bereust diese Absage nicht, und gebe dir deshalb noch einige Tage Zeit, damit du dir alles in Ruhe überlegst. Ich glaube, auch deine Tante Eurykleia wird sich bemühen, dir klarzumachen, wie günstig es für dich wäre, wenn Athen dich als Stipendiaten des Kaisers nach Rom schickte.»

«Und für Silanos wäre es besonders günstig», wollte ich sagen, biß mir aber auf die Lippen und schwieg.

Dann geleitete ich unseren Gast an die Tür. Als ich wieder zurückkam, erwarteten mich Tante Eurykleia und Myrto mit offenen Armen.

«Ach, Philippos, es war richtig, daß du nicht gehen wolltest», rief Myrto und fiel mir um den Hals. «Was sollte aus mir werden ohne dich!»

«Auch ich, mein Junge, freue mich, daß du in deinem Vaterland bleiben willst», sagte die Tante. «Außerdem ist Rom, nach allem was ich von unseren Brüdern, die dorthin gereist sind, gehört habe, ein ganz schlimmes Pflaster. Sittenlosigkeit und Korruption sollen dort schreckliche Ausmaße erreicht haben.»

4. Onkel Artemidor erscheint

Myrto erinnert sich . . .

Eines Morgens saß ich mit Gorgo zusammen, dir mir am Webstuhl einen schwierigen Weberknoten beibringen wollte, als es an der Tür klopfte. Wissos hatte Philippos zur Musikschule begleitet, so ging Gorgo öffnen. Ich hörte einen lebhaften Wortwechsel am Eingang. Dann kam Gorgo zurückgerannt und rief:

«Herrin, Herrin, der Onkel der Kinder, Herr Artemidor, ist gekommen!»

Tante Eurykleia legte das Kleid, das sie gerade ausbesserte, beiseite, ich stieg vom Webstuhl herab, und dann liefen wir beide in den Hof, wo unser Gast auf uns wartete. Er hatte es nicht gewagt, ins Frauengemach einzutreten.

Ich hatte meinen Onkel seit fünf Jahren nicht gesehen und erkannte ihn fast nicht. Er hatte sich Backen- und Schnurrbart abrasiert, wie es die Römer zu tun pflegen, war ziemlich dick geworden und trug schwere, teure Kleider, die in Athen noch nicht in Mode gekommen waren. Seine Augen aber ähnelten denen meines Vaters, und seine laute Stimme war noch immer dieselbe.

«Du bist gewiß meine Nichte Myrto», rief er, als er mich sah. «Ganz die Mutter, blond und blauäugig, nur ein bißchen blaß, mein armes Kind! Und da ist Tante Eurykleia, die mich mit dem Stock verhaute, wenn ich bei ihr Feigen klaute!» lachte er und schloß sie in die Arme.

Wir setzten uns in das große Zimmer nebenan und Gorgo brachte unserem Gast Wein, Mandeln und Walnüsse.

«Erst vor einem Monat erfuhr ich von dem Tod meines Bruders», sagte Onkel Artemidor und schaute mich teilnahmsvoll an. «Ich habe auch erfahren, warum er sein ganzes Vermögen verloren hat, und daß wenn du, Tante Eurykleia, nicht gewesen wärst, die Waisen auf der Straße gesessen hätten. Ich entschloß mich also, sobald ich meine Angelegenheiten geordnet hatte, hierher nach Athen zu kommen und mich der Kinder anzunehmen, und wie du siehst, bin ich jetzt da!» rief er und breitete seine Arme aus, so daß seine goldenen Armbänder klingelten.

Er bemerkte den Blick, mit dem ihn Tante Eurykleia musterte, und lachte:

«Es stimmt: ich habe östliche Gewohnheiten angenommen. Diese Ringe kaufte ich auf meiner letzten Reise nach Antiochia. Wie mich die syrischen Händler gelehrt haben, ist es nämlich viel sicherer, ein paar goldene Armbänder an sich zu tragen, als sich einen Beutel Goldstücke an den Gürtel zu hängen.»

«Ich kann mir gar nicht vorstellen, wie ein Athener aus vornehmer Familie, ein Sproß der Stadt der Pallas Athene, sich dazu herablassen kann, Händler zu werden», sagte meine Tante streng.

«Wer behauptet denn, ich sei Händler geworden, Tante Eurykleia?» erwiderte mein Onkel, erhob sich von seinem Sitz und gab ihr einen Kuß. «In den letzten Jahren, als ich nicht nach Athen konnte, ist mein Unternehmen gut gelaufen. Ich habe etliche Schiffe gekauft, eigene Kapitäne eingesetzt und bringe Getreide aus Ägypten, wertvolle Teppiche und Stoffe aus Syrien und Weine aus Samos oder Sizilien. Aber verkaufen tu ich sie nicht selber. Dafür habe ich meine Leute, die sie an die reichen Römer weitergeben und mir nur den

Gewinn bringen. — Aber wo ist denn mein Neffe? Philippos wird doch nichts zugestoßen sein?» fragte er plötzlich mit spürbarer Unruhe.

Eine Antwort war überflüssig, denn die Außentür öffnete sich und in der Halle ertönten die lebhaften Schritte meines Bruders.

Als er auf der Schwelle stand und meinen Onkel sah, erkannte auch er ihn nicht sofort. Aber schon im nächsten Augenblick fielen sie sich in die Arme, und die Augen meines Onkels füllten sich mit Tränen: Philippos erinnerte ihn an seinen Bruder, den er sehr geliebt hatte.

«Und dies ist gewiß unser treuer Wissos!» rief er, als er unseren alten Diener erblickte. «Wissos, geh bitte auf den Markt», sagte er und holte ein Goldstück aus seinem Beutel, den er trotz der Armbänder am Gürtel trug, «und kaufe, was du nur Gutes zum Essen findest. Heute soll ein Tag der Freude sein.»

Philippos erinnert sich . . .

Die Ankunft des Onkels erfüllte uns mit Freude — wie ein heiterer Akkord nach einem Klagelied. Noch am selben Tag erzählten wir ihm unsere bösen Erfahrungen und auch von Silanos' Vorschlag und dem, was Eainetos gesagt hatte. Unser Onkel wurde richtig zornig, als er das hörte.

«Dieser Silanos ist ein Schuft», rief er, «das tut er alles nur, um dem Nero zu schmeicheln. Er wollte auch schon meine Schiffe mieten, um die Statuen von hier nach Rom zu transportieren. Aber ich bin ja nicht verrückt, einen solchen Vorschlag anzunehmen. Die Entscheidung hat sich auch als richtig erwiesen, denn von den Schiffen, die sie mit Kunstwerken beladen haben, sind drei unterwegs gesunken, zwei beim Kap Maleas und eins bei Antikythera. Alle drei sind auf Grund gegangen, und keine der Besatzungen konnte geborgen werden. Es gibt keine ungünstigere Fracht als Bronze- und Marmorstandbilder. Ganz zu schweigen davon, daß er sie im Winter auf die Reise schickte. Wir jedoch», sagte er und klopfte mir dabei auf die Schulter, «werden jetzt im Sommer fahren, und Honig aus dem Hymettos, Tonkrüge von Athener Künstlern bemalt, und Sand aus Skiathos laden!»

«Sand aus Skiathos!» wunderte sich meine Schwester. «Haben die Römer denn keinen Sand in ihrem eigenen Land?»

Da lachte mein Onkel und erzählte mir, wie auf einem bestimmten Strand der Insel Skiathos der Sand wie Gold glänzt und daß reiche Römer ihn beim Schreiben als besonderen Luxus verwenden, indem sie ihre Briefe mit diesem Sand bestreuen, weil er nach dem Trocknen wie Gold aussieht.

Dann erzählte er uns von dem luxuriösen und verschwenderischen Leben der Römer, besonders solcher, die in kaiserlicher Gunst stehen, ein Amt erhalten haben, oder mit reicher Beute von Feldzügen zurückgekehrt sind. In fernen Ländern des Ostens und des Nordens, wo sich die Barbaren mit blauer Farbe die Gesichter bemalen und Menschenopfer bringen, haben sie Schätze gesammelt und nach Rom gebracht.

«Aber unmittelbar neben den marmornen Herrenhäusern und reichen Palästen in Rom leben in Hütten, Spelunken und sogar in Erdhöhlen Tausende von Armen und Notleidenden, die sich nur mit Mühe etwas Brot verdienen und sterben, ohne daß sich jemand um sie kümmert», erklärte er und fuhr fort: «Darum konnten sich in der Reichshauptstadt so viele östliche Aberglauben und Irrlehren verbreiten, wie die Verehrung Attis[1] und Mithras[2] und — in jüngster Zeit — eines Juden, der Christus genannt wird. Er soll so etwas wie ein Prophet gewesen sein. Die Römer haben ihn vor ungefähr dreißig Jahren gekreuzigt — und das mit Recht, denn seine Lehre von der Gleichheit aller Menschen und von seiner zukünftigen Herrschaft, in der es weder Arme noch Reiche mehr geben soll, war wirklich staatsfeindlich und gefährlich.»

Tante Eurykleia schaute mich vielsagend an: Was würde wohl der Bruder meines Vaters sagen, wenn wir ihm geständen, daß auch wir Christus anhängen und glauben, daß alle Menschen Brüder sein sollten?

[1] Attis: Ein Gott aus einer heidnischen Sekte in Kleinsasien.

[2] Mithras: Ein alter iranischer Kriegsgott. Er wurde besonders von römischen Soldaten verehrt.

5. Auf dem Markt von Athen

Myrtos erinnert sich . . .

Mein Onkel hatte reiche Geschenke für uns alle mitgebracht und auch viel Gold. So ging er als erstes daran, das Haus meines Vaters zurückzukaufen, das so geblieben war, wie wir es verlassen hatten. Dann wies er Handwerker an, die es wieder instandsetzen sollten.

«Aber ihr sollt jetzt nicht wieder darin wohnen», erklärte er uns. «Da das Gesetz mir die Vormundschaft überträgt, werdet ihr mit mir nach Neapel kommen. Wenn sie will, kann auch Tante Eurykleia mitkommen. Ich selbst habe ja keine Kinder und werde euch aufziehen, als wäre ich euer Vater.»

Also gingen wir eines Morgens in unseren besten Kleidern zum Metroon[1]: Onkel Artemidor, Tante Eurykleia, Philippos und ich. Dort schwor mein Onkel am Altar vor den Archonten, daß er unser nächster Verwandter sei, der Bruder unseres Vaters, und von jetzt an die Vormundschaft für uns übernehmen wolle. Eainetos zeigte sich über diese Regelung sehr zufrieden. Dagegen begrüßte Silanos, der Archon Eponymos, meinen Bruder mit einem sehr zurückhaltenden Lächeln und mahnte ihn, in zwei Jahren seinen Ephebeneid zu leisten. Dazu müsse er, wo auch immer er sich gerade aufhalte, nach Athen kommen.

Das Metroon befindet sich auf der Agora nahe dem Hephaistos-Tempel und ist ein rundes, ziemlich düsteres Gebäude. Ich weiß wirklich nicht, wie die vielen Schreiber, die das Archiv der Stadt verwalten, dort drinnen arbeiten können. Die andern Gebäude aber gefielen mir sehr gut. Ich konnte mich nicht satt sehen, denn ich ging heute zum ersten Mal über den Markt, ich bin nämlich noch nicht alt genug, um am Festzug der Panathenäen teilzunehmen. Im oberen Teil der Agora[2], gegenüber der Akropolis, sieht man den Tempel des Hephaistos mit seinen schweren dorischen Säulen und seinen bunten Giebeln. Zu seinen Füßen breitet sich die ganze Agora aus mit ihren Hallen, Altären und Heiligtümern. Wir spazierten unter den hohen,

[1] Das Metroon war eine Art Staatsarchiv und Standesamt von Athen.

[2] Agora: Der Marktplatz

schattigen Platanen, die, wie mir der Onkel erklärte, Kimon, ein Feldherr unserer Stadt, vor nahezu fünfhundert Jahren gepflanzt haben soll. Wenn eine Platane wegen ihres hohen Alters eingeht, so wird sofort eine neue an ihre Stelle gesetzt. Wir kamen an der «Bunten Halle» vorbei, wo eine Menge Menschen, teils sitzend, teils herumspazierend, sich mit lebhaften Gebärden unterhielten. Dann standen wir vor dem uralten Heiligtum der zwölf Götter, dem Zufluchtsort aller Verfolgten, nahmen schließlich den Weg der Panathenäen, der von Altären und Standbildern gesäumt ist und gelangten am äußersten Ende der Agora an eine Halle, die viel neuer zu sein schien als die übrigen.

«Diese Halle», erläuterte uns Onkel Artemidor, «hat Attalos, der König von Pergamon[1], aus Dankbarkeit der Stadt Athen, in der er studiert hat, geschenkt. Dort haben die Kaufleute aus Pergamon und ganz Ionien[2] ihre Verkaufsräume und Kontore. Ganz kurz wollen wir bei Phijellos, einem Kunden von mir, vorbeischauen. Mit ihm habe ich etwas zu besprechen.»

Die Halle ist von zwei Reihen schlanker, hoher Säulen durchzogen. Im hinteren Teil des Baus befinden sich einige Läden, die sich auf orientalisches Handelsgut spezialisiert haben. Die Ware liegt vor den Türen auf dem Boden ausgebreitet. Zu einem dieser Lädchen brachte uns der Onkel. Als der Inhaber, ein dicker, dunkler Mann mit lockigem Haar und einem dichten Bart, meinen Onkel erblickte, eilte er aus seinem Laden und begrüßte ihn herzlich. Dann klatschte er in die Hände und befahl seinem Gehilfen, für uns Stühle und Süßigkeiten bereitzustellen. Hinten aus dem Lagerraum beobachtete uns ein hochgewachsener, schmächtiger junger Mann. Als ich ihn bemerkte, griff ich unwillkürlich nach Tante Eurykleias Hand, denn ich hatte Timaios erkannt: Er war einer der Brüder, die regelmäßig die Christenzusammenkünfte besuchten. Gerade wollte ich ihn mit Namen ansprechen, da bedeutete mir die Tante mit einem vielsagenden Blick, ich solle nicht zu erkennen geben, daß wir uns kannten. Timaios begrüßte uns ehrfürchtig und brachte dann zwei Hocker, einen kleinen für mich und einen größeren für die Tante.

1 Pergamon liegt in der heutigen Türkei.
2 Ionien: Der von den Griechen bewohnte Küstenstreifen Kleinasiens.

Dann bot er uns merkwürdige orientalische Süßigkeiten an, die ich jetzt zum ersten Mal probierte: Rosenblätter in Honig eingemacht und mit Walnüssen bestreut, dazu mit Mandeln gefüllte Datteln und große Weintrauben, dunkler und süßer noch als die Trauben von Korinth. Inzwischen verhandelte Onkel Artemidor mit Phijellos, der mit typisch orientalischem Akzent lebhaft gestikulierend redete. Als sie fertig waren, begann der Onkel, die verschiedenen Auslagen im Laden zu mustern, besonders einige bemalte tönerne und hölzerne Statuetten, die auf einem Bord aufgereiht standen. Eine von ihnen stellte einen bartlosen Mann dar mit einer phrygischen Mütze, der sein Messer in den Hals eines Stieres stach.

«Schau mal!» sagte der Onkel und nahm die Figur in die Hand. «Ein Abbild des Mithras. Hat diese neue Religion auch hier schon Anhänger?»

«Nein, nein», sagte Phijellos, «sie haben mir bloß ein paar davon aus Pergamon geschickt. Ich biete sie an, falls ein Römer danach fragt. Aus Antiochia aber haben sie mir viele von diesen hier gesandt», fügte er hinzu und zeigte dabei dem Onkel eine Statuette, die einen jungen Mann darstellte, mit feinen Zügen, schlicht gekleidet, einen Hirtenstab in der Hand, der ein Lamm auf seinen Schultern trug.

«Ach, der Widderträger», meinte mein Onkel. «Solche Weihgaben haben sie in großer Zahl oben auf der Akropolis, aber dieser ist bekleidet.»

«Es ist ein Sinnbild der Christen», berichtigte Phijellos. «In Antiochia, Ephesus und sogar in Smyrna gehören viele zu dieser jüdischen Sekte. Es heißt, sie zähle auch hier einige Anhänger.»

«Ach was», meinte Artemidor. «Dieser orientalische Aberglaube findet hier in Athen keinen Nährboden. Aber einerlei! Mir gefällt diese Statuette, und ich nehme sie. Willst du sie haben, Myrto?» fragte er.

Hinter mir stand Timaios.

«Nimm sie nur», flüsterte er mir zu. «Sie stellt den ‹Guten Hirten› dar, der sein Leben läßt für die Schafe.»[1]

«Ja, Onkel, ich nehme sie gern, sie soll mein neues Zimmer schmücken.»

[1] vgl. Johannesevangelium 10, 11

6. Wir verlassen die Heimat

Philippos erinnert sich . . .

An einem schönen Morgen gegen Anfang des Monats Thargelion, den die Römer «Mai» nennen, brachen wir von Piräus, dem Hafen von Athen, auf.

Ehe wir abreisten, besuchten wir noch einmal das Grab unseres Vaters, und Myrto flocht dafür einen Kranz aus den Rosen, die im Hof von Tante Eurykleia blühten. Es war ein sehr einfaches Grab mit einer bemalten Stele[1], denn uns fehlte Geld für ein Relief. Mir aber gefiel die Stele, denn das Gemälde, das ein Freund meines Vaters angefertigt hatte, stellte eine Lyra und eine Flöte dar, die Sinnbilder der Musik, und zwischen ihnen zwei gekreuzte Thyrsosstäbe, das Symbol des Dionysos. Myrto hängte den Kranz auf, und Onkel Artemidor leerte über dem Grab einen Krug mit Wein und einen zweiten mit Wasser und Honig: Opfer für die unterirdischen Götter. Der letzte Regen war schon vor etlichen Tagen gefallen, und die durstige Erde sog das Wasser gierig auf.

«Das ist ein gutes Zeichen», stellte Onkel Artemidor fest. «Euer Vater nimmt mich als euren Beschützer an.»

Er gab auch mir eine kleine Kanne mit Wein, und obwohl ich nicht mehr an die unterirdischen Götter glaubte, konnte ich mich nicht weigern, das Opfer vor meinem Onkel zu vollziehen. Innerlich jedoch betete ich zu dem einen wahren Gott.

Der Hafen von Piräus war voll von Schiffen, die beladen und entladen wurden. Der Wagen, den Wissos führte, bahnte sich nur mit Mühe einen Weg durch die Menschenmenge. Wir hatten nicht viel Gepäck mitgenommen: Myrto hielt lediglich den Käfig mit ihrem Singvogel im Arm, während ich mir meine Lyra über die Schulter gehängt hatte. Tante Eurykleia begleitete uns. Trotz aller Bitten des Onkels, wollte sie ihr Haus und Athen nicht verlassen.

«Ich hoffe, ich lebe noch zwei Jahre, damit ich Philippos wiedersehe, wenn er zurückkommt, um seinem Vaterland den

[1] Stele: Ein Pfeiler aus Stein oder Metall, der mit einer Inschrift oder mit Malereien versehen wurde.

Ephebeneid zu leisten, und auch meine Myrto», sagte sie, und umarmte meine weinende Schwester.

«Es sei denn, ich verheirate sie mit einem reichen Griechen in Neapel», scherzte mein Onkel.

Bevor wir aber endgültig von ihr Abschied nahmen, neigten wir unsere Köpfe und baten um ihren Segen. Sie legte uns ihre Hände auf und segnete uns im Namen des Herrn Jesus. Dann wandte sie sich ab und eilte fort, damit wir ihre Tränen nicht sähen. Aber Myrto lief noch einmal zu ihr und fiel ihr ein letztes Mal um den Hals.

Wir hatten günstigen Wind und einen vorzüglichen Kapitän, Naukratos. So gelangten wir noch am selben Abend nach Korinth, dessen Hafen Kenchreä zwar kleiner, aber reicher und lebhafter ist als Piräus. Onkel Artemidor erklärte uns, um Zeit zu gewinnen und vor allem, um das Kap Maleas zu vermeiden — weil es dort immer stürmisch sei — wollten wir das Schiff über Land transportieren zum Hafen Lechaion am Golf von Korinth, um von dort aus unsere Reise fortzusetzen. Das Unternehmen sei zwar sehr kostspielig, meinte der Onkel, lohne sich indes trotzdem.

Selbstvergessen schaute ich zu, wie ungefähr zwanzig kräftige Sklaven an beiden Seiten des Schiffes schwere Taue anpackten und es unter Einsatz ihrer ganzen Kraft auf einen niedrigen, etwas länglichen Wagen hievten. Plötzlich spürte ich eine Hand auf meiner Schulter und drehte mich um. Es war Nearchos, der Sohn unseres Kapitäns, ein Junge in meinem Alter, den ich am Morgen in Piräus kennengelernt hatte.

«Bist du Christ?» fragte er leise.

Ich zuckte zusammen und schaute ihn unruhig an.

«Ich weiß, du bist ein Christ, du und deine Schwester und deine Tante Eurykleia», fuhr er fort. «Ich sah, wie sie euch segnete, bevor wir den Hafen Piräus verließen. So segnen nur die Christen. Du brauchst aber keine Angst zu haben», sagte er lachend, als ich nicht antwortete. «Mein Vater und ich sind auch Christen, lassen es uns aber nicht anmerken.»

Ich fiel ihm um den Hals und gab ihm den Bruderkuß. Wir setzten uns am Kai, und dann erzählte mir Nearchos, wie er vor einigen Jahren mit seinem Vater von Korinth nach Ephesus gereist war. Damals hatten sie einen Juden namens Paulos bei sich.

«Paulos, den Apostel Christi, der in Athen das Evangelium gelehrt hat?» fragte ich erstaunt.

«Keinen Geringeren», gab Nearchos ruhig zurück. «Er war drei Jahre in Korinth gewesen, hatte das Wort Christi gelehrt und wollte nun nach Jerusalem, um dort Ostern zu feiern. Mit ihm fuhren zwei Juden aus Korinth, Aquila und seine Frau Priscilla[1]. Die kannte ich gut, weil wir oft die Segel für unsere Schiffe bei ihnen kauften. Sie sind Segelweber. Unsere Reise damals dauerte lange, da gerade Tag- und Nachtgleiche war und wir häufig Gegenwind hatten. Jedesmal wenn wir in einem abgelegenen kleinen Hafen Zuflucht gesucht hatten, versammelte uns Paulos um sich und erzählte von Christus. Stell dir vor: am Schluß der Reise waren wir alle Christen geworden!»

«Hat mein Onkel davon erfahren?» fragte ich.

«Ich glaube, er hat etwas gemerkt, aber ihm ist es nicht so wichtig. Über dich jedoch und deine Schwester sage ihm lieber nichts», riet mir Nearchos. «Denn ich weiß nicht, wie er reagieren würde. Du weißt ja, wie leicht er in Zorn gerät.»

Der Transport unseres Schiffes von einem Meer zum anderen dauerte mehr als drei Stunden, und es war fast Mittag, als wir von Lechaion[2] aus in See stachen. Von da an hatten wir günstiges Wetter, und durchfuhren mit offenen Segeln den Golf von Korinth. Mein Onkel rief uns oft, um uns auf etwas aufmerksam zu machen, das uns vielleicht interessierte: Delphi, das man nur mit Mühe an den Hängen des Parnassos erkennt, Heliki, die versunkene Stadt, von der man bei völliger Windstille, wie der Kapitän behauptet, noch die Säulen ihrer Tempel und den Dreizack des gewaltigen Poseidon-Standbildes erkennen könne und Naupaktos, von wo aus die Herakliden[3] in die Peloponnes eindrangen.

Zwischen Nearchos und mir war eine enge Freundschaft entstanden. Jeden Abend erzählte er mir von Christus, von Paulos und von den Gemeinden in Korinth, Ephesus und Antiochia, die er alle

[1] vgl. Apostelgeschichte 18, 2.18.26

[2] Die Handelsstadt Korinth hatte zwei Häfen: der eine, Kenchreä, lag am Saronischen, der andere, Lechaion, lag am Korinthischen Golf. 1893 wurde ein Kanal durch den Isthmus von Korinth gebaut.

[3] Herakliden: Ein Volk aus der griechischen Mythologie.

besucht hatte. Außerdem brachte er mir die geheimen Symbole der Christen bei, jene Zeichen, die sie benutzen, um einander zu erkennen. Immer wieder sprach er von der Liebe, die sie alle verbindet. Manchmal leistete uns auch Myrto Gesellschaft, aber in ihrer Gegenwart erwähnte Nearchos nicht die Geheimnisse, die er mir anvertraut hatte, denn er hatte kein besonders großes Zutrauen zu Frauen.

Seit unserer Abreise von Piräus war schon mehr als eine Woche verstrichen. Da ankerten wir vor der letzten griechischen Insel, Kerkyra[1]. Sie ist bewachsen und hat zwei Häfen. Wir blieben dort einige Tage, um unsere Vorräte zu erneuern. Von nun an, erklärte mein Onkel, öffne sich vor uns die weite Adria, wo es nichts als Himmel und Wasser zu sehen gebe.

Diese zweite Etappe unserer Reise verlief etwas abenteuerlicher als die erste. Myrto wurde krank und mußte das Bett hüten. Mein Onkel dachte schon daran, sie im ersten Hafen, den wir anliefen, von Bord zu lassen und auf dem Landweg nach Neapel zu schicken. Aber als meine Schwester in Tarent festen Boden unter die Füße bekam, fühlte sie sich gleich besser und hatte keinerlei Beschwerden mehr. Sieben Tage später erreichten wir bei Abenddämmerung den schönen und weiten Golf, an dem Neapel liegt.

Ich stand am Bug des Schiffes und hielt Myrtos Hand. Plötzlich rief sie erschrocken:

«Onkel, sieh nur, der Berg brennt!»

Tatsächlich stieg vom Gipfel des gegenüberliegenden Berges, der einem umgedrehten Trichter glich, eine trübe, kaum erkennbare Flamme auf, und über ihr ein leichter Rauch, der bis zum Himmel reichte.

Onkel Artemidor und Naukratos schauten in die Richtung, in die wir zeigten, und brachen dann alle beide in schallendes Gelächter aus.

«Das ist doch ein Vulkan, der Vesuv», sagte mein Onkel, als er sich wieder beruhigt hatte. «Hast du noch nie von der Werkstatt des Gottes Hephaistos[2] gehört?»

«Von Bergen, die Flammen und Steine aus ihrem Innern aussto-

[1] Kerkyra = Korfu

[2] Hephaistos ist in der Mythologie der Gott des Erdfeuers und der Künste.

ßen, habe ich zwar schon gehört, aber der hier leuchtet so trüb wie das Feuer eines Köhlers.»

«Weil er alt und zahm geworden ist und nicht mehr viel Kraft hat», sagte mein Onkel. «Allerdings schreibt ein römischer Gelehrter, der bis zum Gipfel hinaufgestiegen ist, man solle ihm nicht trauen. Eines Tages könne er erwachen und großen Schaden anrichten. Aber auf seinen Hängen gedeihen die besten Weine und herrlichsten Früchte. Wir machen mal einen Ausflug zum Vesuv, und dann zeige ich euch auch die blühenden Städte, die an seinem Fuße liegen: Herculaneum und Pompeji.»[1]

7. Bei Onkel Artemidor

Myrto erinnert sich ...

Das Haus meines Onkels liegt am Meer und ist von einer hohen Mauer umgeben. Es ist wohl wie alle römischen Häuser: In der Mitte ein großer rechteckiger Hof, das Atrium, umgeben, wie im Haus von Damaris, von einem Säulengang. In der Mitte ein Brunnen mit Wasser. Dieser ist jedoch mit Malereien geschmückt. Im Becken sprudelt ein herrlicher Springbrunnen aus bronzenen Tritonen[2], die unaufhörlich Wasser aus ihren Muscheln blasen. Von allen Seiten öffnen sich Zimmer auf das Atrium, deren lateinische Bezeichnungen ich nicht verstanden habe. Das größte Zimmer aber hat einen griechischen Namen. Es heißt Triklinium und wird als Speisezimmer für besondere Anläße gebraucht. Hier empfängt mein Onkel seine Freunde und Kunden. Als Schiffseigentümer hat er die Wände mit Szenen aus der Meeresmythologie schmücken lassen: die Argo[3], die

[1] Das antike Pompeji, eine Stadt mit etwa 10 000 Einwohnern, wurde zusammen mit der Nachbarstadt Herculaneum bei dem Vesuvausbruch am 24. 8. 79 n. Chr. verschüttet und erst im Jahre 1709/1748 wieder entdeckt.

[2] Triton: Meeresdämon mit einem Fischunterleib.

[3] Argo: Das erste große Langschiff.

zwischen den Symplegaden[1] hindurchfährt, Odysseus[2], der, an dem Mast seines Schiffes gefesselt, dem Gesang der Sirenen lauscht, und schließlich Bilder der Göttin Amphitrite[3] mit ihrem Gefolge.

Wir waren gerade in die prächtigen Malereien vertieft, als der Onkel einem Sklaven zurief:

«Bitte deine Herrin zu kommen!»

Philippos und ich schauten uns verwundert an: der Onkel hatte uns gesagt, er habe keine Kinder, aber er hatte uns niemals angedeutet, daß er verheiratet sei.

Er merkte unsere Verwunderung, und als der Sklave gegangen war, meinte er lachend:

«Nun werdet ihr auch eure Tante kennenlernen, die ich euch noch nicht vorgestellt habe. Ich habe auch nichts der Tante Eurykleia verraten, denn ich weiß nicht, ob sie sehr glücklich darüber gewesen wäre, daß ich eine Römerin geheiratet habe. Sie ist aus einer alten, vornehmen Familie und heißt Aelia Fevronia. Ich hoffe, ihr werdet sie ehren und lieben, so wie auch sie euch lieben wird, als wäret ihr ihre eigenen Kinder.»

Am anderen Ende des Raumes hob sich ein Vorhang, eine stattliche, reichgekleidete Frau erschien und kam auf uns zu. Sie war schön: Ihr tiefschwarzes, leicht gewelltes Haar paßte zu den ebenso schwarzen Augen. Das Gesicht war weiß geschminkt, die Lippen dunkelrot. Sofort eilte der Onkel auf sie zu, umarmte sie und führte sie zu uns.

«Dies sind die Kinder meines Bruders, Philippos und Myrto», sagte er. «Wie du weißt, haben sie ihren Vater verloren. Da sie auch keine Mutter mehr haben, habe ich sie in unser Haus gebracht. Sie sollen uns wie eigene Kinder sein.»

Fevronia lächelte und zeigte dabei ihre schneeweißen Zähne. Dann umarmte sie Philippos und mich, vermied dabei aber, unser Gesicht

[1] Symplegaden: Zwei Felsen an der Mündung des Bosporus ins Schwarze Meer.

[2] Odysseus: Der Held der Odyssee. Seine Heimkehr vom trojanischen Krieg wird zu einer abenteuerlichen 10jährigen Irrfahrt.

[3] Amphitrite: Die Frau des Poseidon. Sie war die Königin des Meeres in der antiken Götterwelt.

mit ihren Lippen zu berühren — sie hatte wohl Angst, ihre Schminke könnte verwischt werden. Fevronia betrachtete meine Flechten und stellte fest:

«Ich habe gar nicht gewußt, daß es blonde Griechinnen gibt. Womit färbst du deine Haare, daß sie so golden werden?»

Ich bekam den Mund nicht zu. Aber mein Onkel entgegnete lachend:

«Sie ist noch zu jung, um sie zu färben. So blond waren auch die Haare ihrer Mutter. Bist du nicht gespannt auf das, was ich dir mitgebracht habe?»

Er griff in seine Tasche und holte eine kleine elfenbeinerne Schachtel hervor, die auf allen Seiten mit Schnitzwerk versehen war, und reichte sie Fevronia. Ungeduldig riß sie die Schachtel auf: Vor ihren Augen glänzte ein feines, goldenes Halsband.

«Das hat mich ein ganzes Vermögen gekostet. Ich habe es bei meinem Freund Phijellos gekauft. Er versicherte mir, daß es aus dem Schatz des Atreus[1] stammt», sagte mein Onkel und lachte zufrieden. «Solchen Halsschmuck trugen die Königinnen von Mykene.»

«Es ist wundervoll», rief Fevronia und wurde rot vor Freude — trotz aller Schminke. «Schnell, ein Spiegel! Ob mir das Halsband auch steht?» Und einer Sklavin befahl sie: «Bring die Kinder auf ihre Zimmer.»

Am Abend, nach dem Essen, kam Philippos in meine Stube, und wir unterhielten uns über alles. Ihm gefiel die neue Tante nicht besonders, ebenso wenig wie mir. Ihr Lächeln ist falsch, und wenn der Onkel nicht auf sie achtet, wirft sie uns unfreundliche Blicke zu. Beim Essen fragte sie mich nur danach, was die eleganten Athenerinnen anziehen und ob es auch dort schon Mode sei, Perücken zu tragen. Philippos wurde gefragt, ob die jungen Leute in Athen ihre Haare mit heißen Eisen in Locken drehten, wie sie es in Rom zu tun pflegten.

Während der Mahlzeit rieb sich eine fette Katze an den Füßen ihres Sessels, und Fevronia warf ihr Fleischstückchen hin, ohne daß es sie zu kümmern schien, daß der Fußboden schmutzig wurde. Wenig später aber, als uns der Sklave Wein einschenkte, stolperte er über die Katze und verschüttete etwas Wein. Da wurde sie ganz rot vor Zorn und

[1] Das Schatzhaus des Atreus ist noch heute zu sehen.

fing an zu schreien und zu schelten und drohte, ihn auspeitschen zu lassen — bis der Onkel ihre Hand ergriff und sie beschwichtigte.

Als wir vom Tisch aufstanden, folgte uns der Onkel in unsere Zimmer: Er wollte sehen, ob wir gut untergebracht waren. Ich habe wirklich ein schönes, großes Gemach mit vielen Malereien an den Wänden, lauter Blumengirlanden. Mein Zimmer sieht auf den grünen Garten. Fevronia erblickte plötzlich meinen Singvogel, dessen Käfig ich am Fenster aufgehängt hatte, und fragte mich spöttisch, was das für ein Vogel sei. Ich erzählte ihr, daß ich ihn so besonders liebe, weil er das letzte Geschenk von meinem Vater war.

«Ein schäbiger Vogel», stellte sie lachend fest. «Diese Art verkaufen sie hier auf dem Markt zu zehn Stück für einen Sesterz[1]. Dieser wäre gerade gut genug als Imbiß für meine Katze. Wäre er wenigstens ein Papagei oder ein anderer exotischer Vogel.»

«Ich werde Myrto einen exotischen Vogel kaufen», lächelte mir der Onkel zu, als er meine Enttäuschung sah. «Aber laß sie doch ihren Singvogel behalten. Du siehst doch, wie sehr sie ihn liebt.»

Ich war meinem Bruder in die Arme gefallen, und er versuchte mich zu trösten. Als ich wieder allein war in meinem großen, reich ausgestatteten Zimmer, sehnte ich mich plötzlich so sehr nach den armen Kämmerchen in Athen mit seinen gekalkten Wänden und nach der zarten Hand von Tante Eurykleia, daß ich mich schluchzend auf mein Bett warf und weinend einschlief.

8. Ein Strich durch unsere Pläne

Philippos erinnert sich . . .

Myrto sollte mit ihrem Mißtrauen Fevronia gegenüber recht behalten: Diese liebt uns gar nicht, und ich befürchte, daß sie auch Onkel Artemidor gegen uns aufhetzt. In letzter Zeit hat er sich uns gegenüber verändert. Während er früher oft mit uns scherzte und uns Ge-

[1] Sesterz: Altrömische Silbermünze

schenke mitbrachte, sieht er uns jetzt gleich böse an, wenn wir etwas tun, was ihm nicht paßt, und häufig beschimpft er uns ohne Grund.

Gestern früh rief er mich in sein Zimmer und sagte zu mir:

«Höre, Philippos, in wenigen Tagen werde ich nach Alexandria fahren. Der Kaiser hat Löwen, Krokodile und andere wilde Tiere aus Afrika bestellt. Es wird etwas mühsam. Deshalb muß ich dabei sein, wenn sie aufs Schiff geladen werden. Übrigens ist es an der Zeit, daß du mir behilflich wirst. Morgen gehst du in mein Kontor am Hafen und bittest dort meinen Geschäftsführer Artemicus, er möge dich in die Arbeit einführen. Fang mit der Kasse an. Wenn du das Rechnen beherrschst, kannst du später in die anderen Abteilungen überwechseln.»

«Aber Onkel», protestierte ich, «ich will doch Musiker werden. Von Kassen und Abrechnungen verstehe ich doch nichts!»

«Was sagst du da?» erzürnte sich der Onkel. «Ich rechne damit, dich zu meinem Teilhaber und später vielleicht zu meinem Nachfolger zu machen, und du setzt dir in den Kopf, Musiker zu werden? Du hast hier die Möglichkeit, in eine der größten und angesehendsten Reedereien einzusteigen. Sie beliefert sogar das Haus des Kaisers, und du erzählst mir, daß du lieber Lyra spielst! Ist das der Dank für alles, was ich für euch getan habe?»

Ich spürte, wie mir die Tränen in die Augen stiegen, aber ich schluckte sie hinunter.

«Onkel Artemidor», sagte ich und versuchte ruhig zu bleiben. «Ich bin dir sehr dankbar, daß du das Haus meines Vaters zurückgekauft hast und für alles, was du bist jetzt für uns getan hast. Aber du hast mir selbst versprochen, du würdest dafür sorgen, daß ich meine Studien fortsetzen kann und hast am Grabe meines Vaters geschworen, du würdest uns wie deine eigenen Kinder behandeln und darauf achten, daß aus uns das werde, was sich Vater für uns gewünscht hätte.»

«Das habe ich auch vor!» rief wieder mein Onkel. «Wenn ich dich nicht als mein eigen Fleisch und Blut betrachtete, würde ich dich gewiß nicht zu meinen Geschäften heranziehen. Ich habe gar nichts dagegen», versuchte er zu besänftigen, «daß du einen Musiklehrer erhältst, wenn du Freude daran hast. Aber Lied und Lyra sollst du nur zur Unterhaltung pflegen. Deine eigentliche Arbeit wird in meinem

Kontor sein, das mußt du dir klarmachen. Vergiß nicht: Wir leben unter römischem Gesetz, und ich habe euch gegenüber das Recht über Leben und Tod.» Dies sagte er, ohne die Stimme wieder zu erheben. Doch sein eindringlicher Blick verriet, daß er es sehr ernst meinte.

Ich ging auf mein Zimmer und hatte Mühe, nicht zu weinen. Myrto erzählte ich nichts, denn ich wollte meine Schwester nicht noch mehr belasten. Abends beim Essen war der Onkel sehr vergnügt, und als der Wein gebracht wurde, goß er einige Tropfen auf den Boden und sprach:

«Ich opfere dem Hermes und dem Poseidon, damit sie meiner Reise gnädig seien. Mögen meine Geschäfte in Alexandria gut gehen und mögen die Götter den Lebensweg meines Neffen Philippos begleiten, den ich morgen in die Geschäfte der Reederei einweihe.»

Myrto riß die Augen weit auf, und Fevronia warf mir einen giftigen Blick zu.

«Nun willst du also deine Lyra vergessen», sagte sie etwas bemüht lächelnd. «Und dich dem Gewinn bringenden Hermes zuwenden?»

«Im Gegenteil», sagte mein Onkel und drückte mir die Hand. «Morgen will ich mich erkundigen, wer der beste Musiklehrer in ganz Neapel ist, damit Philippos die Kunst des Apollon weiterhin pflegt. Aber da ich keinen Sohn habe, muß ich jetzt dafür sorgen, daß sich jemand darauf vorbereitet, mir im Alter zu helfen.»

Meine Tante schwieg. Dann faßte sie an ihren Hals, um das goldene Bändchen zu richten, und zog dabei so heftig daran, daß es zerriß. Verärgert warf sie es auf den Tisch und schrie:

«Solchen Schmuck haben eure Königinnen in Mykene getragen? Ich habe das Bändchen noch keinen Monat und schon ist es entzwei. Dein Freund, der Athener, hat dich betrogen!»

Am nächsten Morgen nahm mich mein Onkel mit in seine Geschäftsräume am Hafen und stellte mir seinen Prokuristen vor. Dieser hieß Artemicus. Mein Onkel hatte ihn auf einer Reise in Syrien als Sklaven gekauft. Als er jedoch sah, wie geschäftstüchtig Artemicus war, gab er ihm seine Freiheit, indem er einen festgesetzten Betrag an die römischen Behörden zahlte. Dann gab er ihm, wie es römische Sitte ist, den Namen «Artemicus» oder «Mann des Artemios». «‹Artemidoricus›» wäre doch gar zu umständlich gewesen!» fügte er lachend hinzu.

Artemicus ist ein Syrer mit wachen Augen, einer langen Nase und einem spitzen Kinn. Er schlug vor, mit mir einen Rundgang durch alle Abteilungen zu machen und mich dem ganzen Personal, ungefähr fünfzehn Leuten, vorzustellen. Als wir in die Läger kamen, blieb er vor einem jungen Mann stehen, der zwei Lastträgern Befehle zubrüllte.

«Hast du den Bruder von Aelia Fevronia noch nicht kennengelernt?» fragte er mich. Und dann wandte er sich an Tante Fevronias Bruder: «Aelius Pomponius, dieser junge Mann ist der Neffe deines Schwagers. Er heißt Philippos und kommt aus Athen. Sein Vater hieß Terpander.»

Aelius Pomponius wandte sich nach mir um. Ich schätze ihn drei oder vier Jahre älter als ich. Er ist brünett wie seine Schwester, doch seine Augen sind härter, sein Gesichtsausdruck hochmütiger. Pomponius musterte mich von Kopf bis Fuß und begrüßte mich dann mit einem überlegenen Lächeln.

«Ja», sagte er, «Fevronia hat schon von dir gesprochen. Sie wußte aber nicht, ob dein Vater Lyra oder Flöte bei den Gastmählern gespielt hat. Ich glaube aber, daß nur Frauen Flöte spielen, nicht wahr?»

Das war eine offene Beleidigung.

«Mein Vater war kein Flötenspieler und hat niemals zu Gastmählern aufgespielt», antwortete ich und bemühte mich, Ruhe zu bewahren. «Er war Komponist und studierte die heiligen Chöre ein für die großen Feste, die Athenäen und die Dionysien. Er war ein freier Athener Bürger.»

«Ihr Griechen seid sehr empfindlich», lachte Pomponius. «Keinen kleinen Scherz kann man mit euch machen. Laß gut sein. Nero hat euch die Freiheit geschenkt, so könnt ihr euch rühmen, freie Bürger zu sein.»

Artemicus suchte das Gesprächsthema zu wechseln:

«Philippos will heute auf Wunsch seines Onkels anfangen, bei uns zu arbeiten, und ich führe ihn herum, damit er alles kennenlernt.»

Aelius Pomponius zuckte mit den Schultern:

«Warum nicht?» meinte er. «Hier arbeiten mehr als zwanzig Sklaven und Freigelassene! Was macht da einer mehr oder weniger aus!»

Und ehe ich Zeit hatte zu antworten, entfernte er sich rasch, ging zu den Arbeitern und fing an, laut mit ihnen zu schimpfen.

Ich wandte mich mit einem Blick an Artemicus, er aber schaute in eine andere Richtung. Jetzt begriff ich, warum uns Fevronia nicht leiden konnte. Sie merkte, daß durch unser Kommen ihr Bruder verdrängt wurde und daß Pomponius, sollte ich die Nachfolge meines Onkels antreten, keine Hoffnung mehr hätte, das Geschäft zu übernehmen.

Die Speicher rochen nach Teer, Fischtran und Farbe und waren voll von Tauen, Ankern, aufgerollten Segeln und allerlei Kisten. Der Geruch und die Verwirrung, die mein Auftreten gestiftet hatte, verursachten bei mir starke Übelkeit. Ich setzte mich auf eine Kiste und wollte mich erholen. Da trat Artemicus zu mir:

«Was fehlt dir, mein Junge? Geht es dir nicht gut?»

Als ich mein Hemd öffnete, um Luft zu bekommen, wurde das Kreuz, das Tante Eurykleia mir bei meiner Taufe geschenkt hatte, sichtbar.

Artemicus erschrak und trat einen Schritt zurück.

«Du bist Christ?» fragte er und senkte seine Stimme.

Ich nickte.

«Sieh dich vor und laß dir nichts anmerken!» warnte er mich. «Vor allem laß es deinen Onkel nicht wissen und noch weniger den Aelius Pomponius.»

«Bist du etwa auch Christ?» fragte ich.

«Gewiß, aber ich gebe mich nicht zu erkennen», erwiderte er zögernd. «Hier sind die Christen gar nicht beliebt. Deshalb wagen wir nicht einmal unser Liebesmahl zu halten.»

Mittags, auf dem Weg nach Hause, war der Onkel bei guter Stimmung und fragte mich, ob ich den ganzen Betrieb besichtigt und alle Leute kennengelernt hätte.

«Ich nehme an, daß du auch Aelius Pomponius, den Bruder meiner Frau, kennengelernt hast», fuhr er fort. «Er ist etwas abweisend und eingebildet, aber das liegt an seinem Alter und wird vorübergehen. Ich glaube doch, daß ihr mit der Zeit gut zusammen arbeiten werdet.»

Ich hatte mir vorgenommen, ihm offen meine Meinung zu sagen.

«Höre, Onkel, ich will ja, wie ich dir schon sagte, Musiker werden, wie es auch mein Vater war, und ich habe gar keine Neigung zu Handel oder Schiffen. Außerdem hast du ja als Gehilfen Aelius Pomponius. Warum soll ich ihm die Arbeit wegnehmen und dadurch sowohl meine Tante als auch ihn gegen mich aufbringen?»

Mein Onkel lachte. «Keine Sorge, es gibt genug Arbeit für alle», sagte er. «Übrigens habe ich die Absicht, Aelius Pomponius mit Myrto zu verheiraten. Auf die Weise bleibt alles in der Familie.»

Ich wollte meinen Ohren nicht trauen. Dann lief es mir kalt über den Rücken: Mein liebes Schwesterchen sollte diesen eingebildeten Flegel heiraten!

«Aber Myrto ist noch nicht einmal fünfzehn!» widersprach ich aufgebracht. «Und außerdem hat sie Pomponius noch nie gesehen.»

«Kennst du viele Athener Mädchen, die den Bräutigam, den die Eltern ihnen ausgesucht haben, vor der Hochzeit gesehen haben?» fragte der Onkel. «Wir wollen sie ja auch nicht sofort verheiraten. Bis ich von meiner Afrikareise zurück bin, sind es noch einige Monate. Dann hat Myrto auch das gesetzliche Alter.»

Von einem Gefühl der Hoffnungslosigkeit überwältigt, wußte ich nichts mehr zu sagen.

«Wir müßten doch auch erst Tante Eurykleia fragen», brachte ich endlich hervor.

«An Tante Eurykleia werden wir schreiben und ihren Segen erbitten», lachte der Onkel. «Gewiß wird es ihr nicht besonders zusagen, wenn ihre Nichte einen Römer heiratet; aber wo findest du jetzt im heruntergekommenen und verarmten Athen einen geeigneten Bräutigam?»

Wir gingen eine Weile schweigend durch die lärmenden Hafenstraßen. Plötzlich sagte Onkel Artemidor:

«Die Reise nach Alexandria ist eine scheußliche Plackerei! Wenn du dich schon etwas eingearbeitet hättest, würde ich dich mit Artemicus im Kontor lassen und Pomponius mit mir nehmen, der für solche Geschäfte sehr geeignet ist. Aber jetzt muß ich die ganze Arbeit allein machen, und es gibt keine unangenehmere Fracht als wilde Tiere. Ihre Käfige müssen fest sein, damit sie nicht zertrümmert werden und die Tiere ausbrechen. Außerdem ist darauf zu achten, daß die Käfige gut vertäut sind. Ansonsten werden die Tiere bei Sturm krank und müssen leiden. Den Fleischfressern muß man jeden Tag frisches Fleisch geben, und die Besatzung darf durch das Brüllen der Bestien nicht verängstigt werden.»

«Aber ich verstehe nicht, was alle diese wilden Tiere in Rom sollen», fragte ich.

Er schaute mich an, als sei ich vom Mond gefallen. «Für die Tierkämpfe», erwiderte er. «Häufig finden bei besonderen Anlässen in den großen Amphitheatern in Rom und anderen Städten des Kaiserreichs Tierkämpfe statt. Bären oder Gladiatoren, Neger aus Afrika oder gemeine Verbrecher kämpfen mit Löwen und Nashörnern.»

Ich konnte mein Entsetzen nicht verbergen.

«Sie werfen lebende Menschen Bestien zum Zerreißen vor!» rief ich.

«Aber ich habe dir doch gesagt: Das sind gemeine Verbrecher, Diebe, Räuber, Mörder oder Neger aus Afrika. Außerdem sind sie ja den Tieren nicht wehrlos ausgeliefert: Sie werden mit Schwert und Schild bewaffnet, und wenn es einmal einem gelingt, seinen Löwen zu töten, so wird ihm das Leben geschenkt. Ich kann nicht behaupten, daß ich viel Lust hätte, das mit anzusehen, aber es ist ein Schauspiel, das die Römer sehr schätzen.»

«Es ist ein barbarisches und unmenschliches Schauspiel!» entsetzte ich mich. «Und ich wundere mich, Onkel, daß du, ein Grieche, dich breitschlagen läßt, an einer solchen Barbarei mitzuwirken.»

«Ich und mitwirken?» fragte mein Onkel. «Du meinst, weil ich die Raubtiere aus Afrika herbringe!» besann er sich und lachte laut. «Aber wenn ich es nicht tue, dann tut es halt ein anderer. Und ich sorge wenigstens gut für die Tiere und passe auf, daß ihnen auf der Reise nichts geschieht. Ich habe ihnen auch niemals Menschenfleisch gegeben, wie andere es tun. Aber Geschäft ist Geschäft, und man muß mit seiner Zeit gehen.»

Gestern fuhr mein Onkel mit dem größten seiner Schiffe los. Er hat es «Argo» genannt, wie das berühmte Schiff des Jason. Ich begleitete ihn zum Abschied zum Hafen.

Bevor er abfuhr, umarmte er mich, küßte mich und drückte mir einen Beutel voll Silbermünzen in die Hand.

«Nimm dies als Taschengeld und bezahle davon auch deinen Musiklehrer, den ich bei all den Scherereien in diesen Tagen fast vergessen hätte. Artemicus wird sich darum kümmern. Sieh zu, daß du mit deiner Tante und Pomponius gut auskommst. Und», fügte er schließlich hinzu, «nimm dir's nicht zu sehr zu Herzen, wenn ich manchmal etwas schroff erscheine. Ich tue es zu deinem Besten.»

Ich saß am Hafen, bis das Schiff ablegte und seine weißen Segel am Horizont verschwanden. So sehr war ich mit meinen trüben Gedanken beschäftigt, daß ich gar nicht bemerkte, wie jemand auf mich zukam und neben mir stehen blieb.

«He, Philippos! Wohin segeln deine Schiffe?» hörte ich schließlich eine fröhliche Stimme.

«Nearchos! Mein Freund!» rief ich, sprang auf und umarmte ihn voll Freude. «Wo warst du so lange? Woher kommst du?»

«Ich war in Athen, in deiner Heimat, und kam mit einem Schiff voll Jungen und Mädchen, die in Pozzuoli das Schiff verlassen haben, um nach Rom zu gehen.»

„Ein Schiff voll Jungen und Mädchen, die nach Rom wollen?» fragte ich. «Du willst mir doch nicht erzählen, daß ihr den Sängerchor für den Wettbewerb hergebracht habt.»

«Genau den haben wir hergebracht!» bestätigte Nearchos und nickte. «Am Anfang sollten es, wie du ja weißt, nur Jungen sein. Aber eine andere Stadt — ich weiß nicht, ob Alexandria oder Karthago — beschloß, auch einen Mädchenchor zu schicken. Deshalb befahl der Kaiser den Athenern, auch ihre Mädchen zu senden.»

«Und wen haben sie zum Leiter des Knabenchors bestellt?»

«Hm! Ich wußte es doch. Warte, es fällt mir ein: es war ein grauhaariger Herr, mit einer lauten Stimme. Er hieß Telephanis!»

«Mein Lehrer!» rief ich. «Oh, wie gern möchte ich ihn wiedersehen, aber wo ist . . .?»

Ich erzählte Nearchos alle Einzelheiten unserer Erlebnisse, von Fevronias Bosheit und den Plänen meines Onkels.

«Das gibt es nicht!» meinte er. «Er will tatsächlich deine Schwester mit diesem Unmenschen Pomponius verheiraten! Da wird das Mädchen ein trauriges Leben haben. Außerdem ist sie Christin. Wenn er das erfährt, wird er sie zwingen, Christus abzuschwören.»

«Nearchos, wie lange bleibst du hier?» fragte ich.

«Fünf, sechs Tage wollen wir bleiben», antwortete er. «Danach fahren wir vielleicht nach Sizilien, um Wein zu holen und legen wieder in Pozzuoli an, um den Sängerchor zurück nach Piräus zu bringen.»

«Ach, wenn du uns nur mitnehmen könntest!»

Nearchos schüttelte den Kopf: «Das geht nicht», sagte er. «Erst recht nicht jetzt, wo dein Onkel abwesend ist. Das einzige, was ich für dich tun kann», schlug er vor, «wäre deiner Tante Eurykleia einen Brief von dir mitzunehmen. Ich könnte dann mit ihr über die ganze Angelegenheit sprechen. Ich wohne zur Zeit im griechischen Gasthof ‹Zur schönen Parthenope›. Du kannst dort nach mir fragen.»

9. Fevronia zeigt ihr wahres Gesicht

Myrto erinnert sich . . .

Ich weiß nicht, was Philippos in letzter Zeit fehlt. Er will es mir offensichtlich nicht sagen und kommt auch nicht mehr in mein Zimmer wie früher. Aber ich sehe, daß er sehr nachdenklich und bei trüber Stimmung ist und auch keine Musik mehr macht. Jeden Morgen nimmt mein Onkel ihn mit, und oft bleiben sie den ganzen Tag unten am Hafen. Ich hörte den Onkel sagen, er beabsichtige, Philippos in sein Geschäft zu nehmen, aber ich kann mir nicht vorstellen, daß dies sein Ernst sein soll. Denn mein Bruder will doch Musiker werden, wie unser Vater. Einige Male versuchte ich, ihn zu fragen, aber er wich mir aus und wechselte das Thema. Was Onkel Artemidor betrifft, so ist er sehr nett zu mir, bringt mir Geschenke, Kleider und Sandalen, liebkost mich manchmal und sagt: «Paß auf, ich besorge dir schon einen Bräutigam!»

Ich würde das ja für einen Scherz halten, wenn nicht Fevronia mir jedesmal bei solchen Reden merkwürdige Blicke zuwerfen und Philippos nicht die Augen senken und sich auf die Lippen beißen würde.

Wenn Philippos und Onkel Artemidor fortgehen, bin ich meist ganz alleine, denn Tante Fevronia verbringt den Tag, nachdem sie sich vor dem Spiegel ausgiebig geschmückt hat, mit ihren Freundinnen oder beim Einkauf. Wenn sie zu Hause ist, zankt sie sich ständig mit den Sklavinnen.

So sitze ich in meinem Zimmer mit meinem Vögelchen und

meiner Stickerei. Manchmal lese ich in der Odyssee oder der Ilias von Homer, die mein Bruder mir gebracht hat. Da ist immer von Schlachten und Totschlagen die Rede, was mir nicht so gut gefällt. Auch ist die Sprache sehr altertümlich und erschwert das Lesen. Oft betrachte ich die Statuette vom Guten Hirten, die mir der Onkel in Athen gekauft hat. Dann schöpfe ich Mut und hoffe, daß Christus uns nicht ohne Hilfe läßt.

Heute früh ist mein Onkel nach Alexandria abgereist. Als er sich verabschiedete, küßte er mich und versprach mir, aus Ägypten leinene und baumwollene Stoffe für meine Aussteuer mitzubringen. Danach nahm er auch von seiner Frau Abschied und sagte lachend, er werde versuchen, eins von den Geschmeiden der Kleopatra[1] aufzutreiben, da ihr ja das Halsband aus Athen nicht gefallen habe. Dann ging er mit Philippos und den Sklaven, die sein Gepäck schleppten, fort.

Ich schloß mich in mein Zimmer ein und weinte. Jetzt, wo der Onkel fort ist, fühle ich mich noch einsamer als vorher, weil ich weiß, daß Fevronia mich nicht leiden kann und keiner ihrer Dienerinnen erlaubt, mir Gesellschaft zu leisten. Mittags befahl sie mir, allein zu essen. Sie habe Kopfschmerzen und wolle nichts zu sich nehmen. Aber am Nachmittag, als ich mich am Gesang meines Vögelchens erfreute, kam sie ganz plötzlich in mein Zimmer.

«Myrto», sagte sie, «mach dich fertig, wir wollen ausgehen.»

Ich war erstaunt über ihren Anblick: Sie war fein gekleidet und geschminkt und hatte eine neue komplizierte Frisur.

«Ich freue mich, daß deine Kopfschmerzen vergangen sind», sagte ich.

«Sie sind durchaus nicht vergangen und werden auch nicht vergehen, solange mir das Gezwitscher deines Vogels in den Ohren dröhnt. Kannst du ihn nicht zum Schweigen bringen?»

«Wie soll ich das machen?» fragte ich und schaute sie ratlos an. «Ich werde ihn wegstellen, damit du ihn weniger hörst.»

«Meinetwegen, tu, was du willst: Stell ihn weg, dreh ihm die Kehle um. Ich, jedenfalls, will ihn nicht mehr hören. Übrigens, wie

[1] Kleopatra: Eine berühmte und einflußreiche ägyptische Königin (69 bis 30 v. Chr.).

ich dir sagte, sollst du eines deiner guten Kleider anziehen. Mach dich fertig zum Ausgehen! Wir wollen zu meinem Sandalenmacher. Mein Kammermädchen Lucilla ist krank geworden, und ich brauche jemand, der mir den Sonnenschirm hält.»

Ich traute meinen Ohren nicht.

«Entschuldige vielmals, Fevronia», sagte ich zu ihr, als ich wieder sprechen konnte. «Ich achte und ehre dich als die Frau meines Onkels, aber ich bin nicht dein Kammermädchen, und außerdem geht kein athenisches Mädchen meines Alters auf den Markt.»

«Wie wagst du es, so frech mit mir zu reden und mir etwas zu verweigern!» schrie Fevronia ganz außer sich. «Wer denkst du denn, wer du bist, daß du mir zu widersprechen wagst! Die Tochter eines Lyraspielers, der im Elend starb, weil er seine Schulden nicht bezahlen konnte! Statt ihr ein Stück Brot hinzuwerfen, hat sie mein Mann hierhergebracht und mir ins Haus gesetzt.»

«Fevronia!» stieß ich schließlich heraus, aber sie konnte sich nicht mehr beherrschen.

«Ist es dir vielleicht zu Kopf gestiegen, weil du glaubst, daß du meinen Bruder heiraten wirst und das Vermögen bekommst, das mir gehört?» fuhr sie fort. «Wenn du das meinst, irrt ihr euch beide, du und dein Brüderchen.»

«Ich schwöre dir, daß ich nichts von alledem weiß, was du da sagst», stammelte ich. «Und deinen Bruder kenne ich überhaupt nicht.»

«Das fehlte auch noch, daß wir hier Bekanntschaften pflegten! Also tu schnell, was ich dir sage und widersprich mir nicht, wenn du nicht willst, daß ich dich und deinen Bruder aus dem Hause jage, und zwar morgen schon.»

«Wie willst du uns aus dem Hause verjagen? Wenn du uns hier nicht haben willst, kehren wir in unsere Heimat zurück. Du brauchst es uns nur zu sagen.»

«Geht nur! Die Tür steht offen!» schrie sie. «Packt eure Sachen zusammen, nehmt euren Vogel mit und ab!»

Durch unseren Wortstreit hatten weder Fevronia noch ich gemerkt, das Philippos nach Hause zurückgekehrt war. Als er unsere Stimmen hörte, kam er in mein Zimmer und stand nun an der Tür. Jetzt trat er einen Schritt näher und sagte:

«Entschuldige bitte, Fevronia. Ich weiß nicht, was zwischen dir und meiner Schwester vorgefallen ist, aber du kannst uns weder hinaussetzen, noch werden wir von alleine gehen.»

Ich fiel meinem Bruder in die Arme und schluchzte verzweifelt.

«Nimm mich von hier fort! Nimm mich von hier fort! Laß uns abreisen und zu Tante Eurykleia gehen, nach Hause!»

«Nein, Myrto», beruhigte mich mein Bruder und strich mir übers Haar. «Onkel Artemidor ist unser Vormund, und wir können nicht ohne sein Wissen sein Haus verlassen. Morgen will ich ihm einen Brief schicken, gleich mit dem nächsten Schiff. Ich werde ihm schreiben, daß seine Frau uns nicht mehr in ihrem Haus dulden will. Dann soll er selbst entscheiden. Bis dahin aber müssen wir hier bleiben.»

«Das werden wir sehen!» schrie Fevronia außer sich.

Sie packte eine kostbare Vase, die auf einer Säule im Hof stand, und warf sie zu Boden, so daß sie in tausend Stücke zerbrach. Dann eilte sie weg und schloß sich in ihrem Zimmer ein.

10. Wir beschließen zu fliehen

Philippos erinnert sich . . .

Fevronia schreckt jetzt vor nichts mehr zurück in ihrem Bemühen, uns zum Verlassen des Hauses zu bewegen, und es scheint mir, daß sie ihr Ziel erreicht hat. Als ich heute Nachmittag in das Haus zurückkehrte, hörte ich lautes Weinen aus Myrtos Zimmer. Besorgt schaute ich zu ihr herein, um mich nach ihrem Befinden zu erkundigen.

Myrto saß auf ihrem Bett. Neben ihr der leere Vogelkäfig auf dem Boden. In ihren Händen hielt sie den kleinen, zerrupften, leblosen Körper des Vogels. Auf dem Fußboden lagen verstreut die blutigen Federn.

Als sie mich sah, brach sie wieder in Schluchzen aus.

«Philippos, mein Singvogel», jammerte sie, «mein Vögelchen ist tot. Sie hat ihren Kater hereingelassen und der hat ihn gefressen.»

«Das ist unmöglich, Myrto», sagte ich. «So etwas kann Fevronia nicht tun.»

«Aber doch, ganz gewiß. Noch vor einer halben Stunde sang mein Vögelchen so süß, daß ich ganz verzaubert dasaß und lauschte. Es war sein letztes Lied», sagte sie und brach wieder in Tränen aus.

«Komm, Myrto, beruhige dich!» versuchte ich sie zu trösten, setzte mich neben sie und strich ihr über das Haar.

Nun berichtete sie und kämpfte dabei tapfer gegen die Tränen an:

«Fevronia kam plötzlich herein. Ich erschrak, denn ich erwartete, daß sie wieder wegen des Vogels schelten würde, aber sie sagte sehr freundlich zu mir: «Myrto, sei so gut und bringe mir ein paar rote Nelken von dem Nelkenbusch dort hinten.» Ich wollte sie auf keinen Fall ärgern und ging sofort in den Garten hinab, schnitt die Nelken und brachte sie ihr. Als ich in mein Zimmer zurückkomme, finde ich den Käfig offen auf dem Boden und sehe, wie der Vogel zwischen den Zähnen des Katers zuckt.»

Wieder mußte sie weinen, und ich wußte nicht, wie ich sie beruhigen sollte.

«Warte, ich bringe dir einen Schluck Wasser, und werde auch mit Fevronia sprechen.»

Ich traf Fevronia im Eßzimmer, wo sie rote Nelken in einer Vase ordnete, als ob nichts geschehen wäre. Neben ihr stand ihre Sklavin Lucilla, die wegblickte, als sie mich sah.

«Fevronia», sagte ich, «weißt du, daß dein Kater Myrtos Singvogel getötet hat? Sie behauptet, du habest ihn absichtlich an den Käfig gelassen.»

Fevronia zuckte die Achseln.

«Das fehlte noch, daß Myrto mich beschuldigt. Sie hätte besser aufpassen sollen auf ihren Vogel. Allerdings gebe ich zu, nicht sehr traurig zu sein, daß Tigris ihn zerrissen hat, denn von seinem ewigen Gezwitschere dröhnt mir der Kopf.»

Ich nahm den Becher mit Wasser und brachte ihn meiner Schwester.

«Gib mir dein Vögelchen», sagte ich zur ihr. «Wir wollen ihn in ein Tuch wickeln und im Garten begraben.»

«Nicht hier! Nur nicht hier! Ich hasse dieses Haus. Wir wollen weg von hier, Philippos, weit weg!»

Ich versuchte, sie zu beruhigen, und versicherte ihr, daß wir so schnell wie möglich fliehen würden, sobald sich eine Möglichkeit ergäbe. Ich nahm den Vogel, wickelte ihn in ein Tuch, und versprach, ihn unter dem schönsten Baum am Weg zu begraben. Ich riet ihr, sich hinzulegen und eilte dann weg, um Nearchos aufzusuchen.

Daß wir nicht mehr in Neapel bleiben konnten, sah nun auch ich ein. Wer konnte wissen, was eine Frau, die den kleinen Vogel meiner Schwester getötet hatte, sonst noch anstellen würde, um uns das Leben unerträglich zu machen. Die beste Lösung wäre wohl, meinem Onkel einen Brief zu schreiben, in dem ich ihm erklärte, wieso wir geflohen seien. Den Brief wollte ich Artemicus anvertrauen.

Ich traf Nearchos im Gasthaus «Zur schönen Parthenope»[1]. Er unterhielt sich gerade mit anderen Schiffern. Als er mich sah, kam er auf mich zu und fragte besorgt: «Was fehlt dir, Philippos? Du bist ganz blaß, ist Myrto etwas zugestoßen?»

Ich erzählte ihm alles, was sich in den letzten Tagen ereignet hatte und daß ich nicht nur um die Gesundheit, sondern sogar um das Leben meiner Schwester bangte.

Er kratzte sich das Kinn.

«Das beste ist wohl», meinte er, «ihr geht nach Rom und trefft dort den Sängerchor aus Athen. Da ja Telephanis dein Lehrer ist und du sein bester Schüler, wird er dich mit offenen Armen aufnehmen. Wenn dann die übrigen Sänger abreisen, schließt ihr euch ihnen an und kehrt mit unserem Schiff nach Athen zurück.»

«Das ist ein guter Gedanke», sagte ich. «Aber wie kommen wir nach Rom?»

Nearchos kratzte sich wieder am Kinn.

«Warte, ich rufe meinen Vater. Er sitzt in einer Taverne bei einem Schluck Wein. Aber wenn ich ihm sage, daß es um euch geht, kommt er sofort!»

Ich wartete auf einer Mauer und schaute auf das Meer, das veilchenfarbig vor mir lag, sah die grünen Inseln, die die Meeresbucht abschlossen und den Vesuv, der heute abend nur wenig rauchte. Da mußte ich denken: Wie schön hat Gott die Welt geschaffen und wie böse sind wir Menschen doch!

Hinter mir hörte ich die schweren Schritte des Kapitäns, der, von Nearchos gefolgt, eilig auf mich zukam. Nearchos hatte ihm offen-

[1] Parthenope: Der alte Name von Neapel nach einer der Sirenen.

bar schon alles erzählt, denn kaum stand er vor mir, begann er auch schon.

«Ich wußte, daß diese böse Frau euch hier nicht heimisch werden lassen würde und habe deinem Onkel gleich davon abgeraten, euch hierher zu bringen, aber er wollte nicht auf mich hören. Wir müssen jetzt einen Weg finden, wie ihr von hier fortkommt. Helfen könnte uns jetzt Artemicus, aber der wird nicht wollen.»

«Ich denke, er wird uns helfen», erwiderte ich. «Er ist ja Christ.»

Naukratos blickte erstaunt.

«Artemicus ist Christ? Warum hat er es mir nie gesagt?»

«Weil er sich fürchtet», sagte ich. «Aber er weiß, daß Myrto und ich Christen sind, und deshalb wird er uns helfen.»

Artemicus' Haus liegt in einem bescheidenen Stadtviertel, ist aber ziemlich geräumig und sehr gepflegt. Er staunte nicht wenig, als er mich mit den beiden Seeleuten kommen sah und war voller Sorge, als ich ihm den Grund erklärte.

«Das Schlimme ist, ihr könnt nicht offen fortgehen», sagte er. «Denn nach allem, was du deiner Tante vorgestern gesagt hast, hat sie das Recht, euch zu hindern. Ihr müßt also heimlich fliehen.»

«Höre, Herr . . .» begann Naukrates.

«Wir sind hier alle Brüder, und ich bin kein Herr», unterbrach ihn Artemicus. Ein Lächeln erhellte sein Gesicht.

«Ich werde dich dennoch ‹Herr› nennen, damit ich nicht einmal aus Versehen dich im Geschäft mit ‹Bruder› anrede», sagte Naukratos sehr bestimmt. «Also, so viel ich weiß, wird heute spät abends eines unserer Schiffe mit gepökeltem Fisch nach Ostia, dem Seehafen von Rom, auslaufen. Mit dem könnten die Kinder fahren.»

«Und wie kommen sie von Ostia alleine nach Rom? Der Weg ist zwar nicht weit, aber vergiß nicht, daß sie dort fremd sind, nur Griechisch sprechen und noch sehr jung sind. Nein, ich werde etwas Besseres finden. Geduldet euch bis morgen!»

Wir verabschiedeten uns von Artemicus, der versprach mich zu benachrichtigen. Der Kapitän begleitete mich mit seinem Sohn bis zum Haus des Onkels. Es war schon Nacht, und der alte Priskas hatte bereits die Tür verriegelt. Aber er freute sich, als er die Seeleute, seine Freunde, sah, die ihm immer einen Krug mit gutem Wein von der Reise mitbrachten. Deshalb schimpfte er nicht.

Myrto erwartete mich. Sie saß auf dem Bett. Neben ihr stand unberührt das Essen, das ihr Lucilla gebracht hatte. Ich versicherte ihr, daß wir am nächsten Abend fliehen würden, drängte sie ein wenig zu essen und nahm selbst einige Bissen zu mir. Als ich ihr gute Nacht sagte, umarmte sie mich und wollte mich nicht fortlassen. Ich blieb deshalb bei ihr, bis sie eingeschlafen war. Dann nahm ich den Leuchter, ging auf mein Zimmer und schrieb einen langen Brief an meinen Onkel.

Am nächsten Morgen, gerade als Artemicus mir einige Rechnungen vorlegte, kam Aelius Pomponius und begrüßte mich sehr freundlich:

«Ich habe gehört, daß Fevronias mißratener Kater den Singvogel deiner Schwester gefressen hat. Kürzlich haben sie uns einen exotischen Vogel von den Kanarischen Inseln ins Haus gebracht, der schöner singt als eine Nachtigall. Wenn deine Schwester möchte, bringe ich ihn ihr.»

Ich schaute ihn verwundert an.

«Danke schön, aber meine Schwester ist jetzt noch sehr traurig über ihren toten Vogel. Warte ein wenig, bis sie darüber hinwegkommt. Dann kannst du ihn ihr gerne bringen.»

Er machte mit der Hand eine Bewegung, als ob er sagen wollte «macht nichts» und entfernte sich. Ich sah ihm betroffen nach.

«Er ist klüger als Fevronia», flüsterte Artemicus und fügte laut hinzu: «Bitte, Philippos, schreib mir dieses Schriftstück ab.»

Ich nahm das Blatt in die Hand, das mir Artemicus reichte, und las:

«Seid heute um Mitternacht bereit. Naukratos und sein Sohn werden euch abholen. Nehmt nicht viel Gepäck mit! Fevronia darf nichts erfahren.»

Ich tat so, als ob ich das Schriftstück abschriebe und gab es dann Artemicus zurück, zusammen mit dem Brief an meinen Onkel.

«Bitte schicke ihn ihm so bald wie möglich», bat ich ihn.

Alle im Haus waren bereits schlafen gegangen, als ich in der Ferne ein Seemannslied hörte, das immer näher kam. Unser Wohnviertel ist sehr vornehm und ruhig. Kein Sänger, am wenigsten ein Seemann, kommt zu später Stunde in diese Straße. Ich schlich mich lautlos in das Zimmer meiner Schwester, die mich schon erwartete.

«Myrto, mach dich fertig. Ich glaube sie kommen», sagte ich.

Myrto erhob sich, nahm ihr kleines Bündel und folgte mir auf Zehenspitzen.

«Ich habe nur wenige Kleider, den Guten Hirten und deine Lyra mitgenommen», flüsterte sie.

Ich machte ihr ein Zeichen, ganz leise zu sein und horchte. Jetzt war das Lied leise aber deutlich vor unserer Tür zu hören.

«Was machen wir mit Priskas?» fragte Myrto ängstlich.

«Laß mich horchen», sagte ich und trat an die Pförtnerzelle. Priskas' Schnarchen tönte bald tief, wie eine Welle am Strand, bald brodelnd, wie ein Kochtopf.

«Er schläft tief und schnarcht», stellte ich fest. «Er hat wohl ein wenig über den Durst getrunken.»

Wir kamen an die verriegelte Außentür, vor der Naukratos und sein Sohn ein altes Lied anstimmten:

«Der Mond ist untergegangen,
aber ich, Mädchen, kann nicht schlafen.»

«Hilf mir, den Riegel beiseite zu schieben», bat ich Myrto. «Und gebe Gott, daß wir keinen Lärm machen.»

Ich packte den einen Arm des Riegels und meine Schwester den anderen. Leise bat ich Gott um Hilfe. Wir schoben den Riegel hoch, entfernten ihn ohne viel Mühe und legten ihn dann auf den Boden. Danach öffneten wir die Doppeltür, die etwas knarrte.

«Schnell, Myrto», flüsterte ich und horchte gespannt in Priskas' Richtung.

Ich hörte den alten Türhüter kurz aufseufzen, dann schnarchte er weiter, lauter als vorher.

Auch mir gelang es, durch den schmalen Türspalt zu schlüpfen, und behutsam schloß ich die Tür hinter mir.

«Der alte Priskas hat eine Menge getrunken und nichts gemerkt», sagte ich, als ich den Freunden entgegeneilte.

«Der Wein aus Lesbos, den ich ihm heut nachmittag brachte, hat gute Dienste getan», lachte Nearchos. «Er wird den ganzen Krug auf einmal geleert haben.»

«Kommt jetzt schnell», empfahl Nearchos. «Es wäre schlecht, wenn man uns erwischt.»

Wir kamen auf die gepflasterte öffentliche Straße. Hier erwartete uns ein Wagen, einer von den großen, vierrädrigen Planwagen. Sie werden zum Transport von Tieren und Waren, aber auch von Menschen gebraucht. Am Fahrzeug stand Artemicus, und neben ihm hielt ein kräftiger, sympathischer Mann die Zügel der Pferde.

«Publius ist ein Vertrauter von mir», sagte Artemicus. «Vor allem aber ist er Christ und glaubt an Jesus, den Christus. Er wird euch nach Rom bringen, in den Palast des Nero. Am Eingang sollt ihr nach dem Zenturio[1] der kaiserlichen Wache, Gaius Pompilius, fragen und euch auf mich berufen. Der wird euch zu den übrigen Athenern bringen. Der Wagen ist voll Stroh, und fürs erste müßt ihr euch darunter verstecken. Wenn Publius es euch sagt, könnt ihr hervorkriechen. Laßt es euch gut gehen! Christus sei mit euch!»

«Gott mit dir, Bruder», sagte ich. «Ich weiß gar nicht, wie ich dir danken soll für alles, was du für uns getan hast!»

«Wozu sind wir denn Christen?» erwiderte Artemicus. «Doch damit einer dem anderen hilft.»

[1] Zenturio: Ein Offizier im römischen Heer, der eine Einheit von 100 Soldaten befehligte. Die römische Legion bestand aus 60 Zenturien.

ZWEITER TEIL

In Rom

1. Quer durch Kampanien

Philippos erinnert sich ...

Zwei Tage und zwei Nächte waren wir nach Rom unterwegs. In der ersten Nacht hatten meine Schwester und ich uns im Stroh verkrochen und waren bald eingeschlafen. Der gleichmäßige Trott des Pferdes schläferte mich ein, und wenn der Wagen gelegentlich rüttelte, weil er über einen Stein fuhr, wachte ich halb auf, schlief aber gleich wieder ein.

Bei Tagesanbruch kamen wir an der Stadt Capua vorbei, die, wie Onkel Artemidor erzählt hatte, wegen ihres Reichtums und Luxus eine der bekanntesten Städte Süditaliens ist. Bald gelangten wir auf eine breite, gepflasterte Straße und brauchten uns nicht mehr zu verstecken. Wir stiegen auf den Fahrersitz und leisteten Publius Gesellschaft.

«Dies ist die Via Latina», erklärte uns unser Fahrer. «Sie führt direkt von Neapel nach Rom, mitten durch die Ebene von Kampanien und hat keinen sehr starken Verkehr, weil die meisten Transporte über das Meer geführt werden. So reisen wir in aller Ruhe.»

Um uns herum breitete sich die grüne, fruchtbare Ebene aus, rechts konnte man in der Ferne die zarten Linien niedriger Berge erkennen.

«Hier duftet es nach Rosen!» stellte Myrto fest und sog die Luft ein.

«Gewiß, wir kommen ja an den berühmten Rosengärten Kampaniens vorbei», erwiderte Publius. «Von hier stammen die Duftstoffe Capuas, die schon in alter Zeit bekannt waren. Jetzt ist Sommer, und es gibt nicht mehr so viele Rosen. Wenn man hier im Mai vorbeikommt, wird einem schwindelig von dem starken Duft.»

Unser Pferdchen lief schnell. Bald lagen die Rosengärten hinter uns, und wir kamen nun durch Oliven- und Weingärten. Dazwischen lagen Felder, in denen die geernteten Ähren in Hocken aufgestellt waren. Gelegentlich sahen wir rechts und links vom Weg sonderbare Erdhügel mit spitzen Firsten.

«Was ist das?» fragte ich Publius und zeigte auf einen Hügel.

«Das sind etruskische Gräber», antwortete er. «Vor dreihundert Jahren haben in dieser Provinz die Etrusker gewohnt. Sie pflegten ihre Toten in gebauten Gräbern wie in Kammern zu beerdigen und mit reichen Gaben auszustatten. Als die Römer diese Gegend einnahmen, plünderten sie die Gräber. Sie sind jetzt leer.»

Es war schon Abend, als wir vor einem ländlichen Gehöft vorfuhren.

«Hier wollen wir übernachten», sagte Publius und hielt das Pferd an. «Hier wohnen Freunde von mir, die uns gastlich aufnehmen werden.»

Der alte Bauer, der uns öffnete, sah fast aus wie ein Grieche. Schwere Arbeit hatte in dem großen, freundlichen Gesicht ihre Spuren hinterlassen. Er trug eine Jacke aus Ziegenwolle. Als er Publius sah, rief er seine Frau und seine Söhne und hieß uns alle willkommen. Zum Essen wurde eine Gans geschlachtet. Bei Tisch sprach die Familie mit Publius lateinisch, wovon ich nur wenig verstand.

Sie bereiteten uns ein Lager: Wir schliefen im guten Zimmer auf Säcken, die mit frischem Stroh gefüllt waren. Als wir am Morgen aufbrachen, erhielt jeder einen Becher frischer Milch und etwas Zwieback. Für die Reise erhielten wir Brot und Käse als Proviant. Als wir Abschied nahmen, schaute mir die alte Frau fest in die Augen, machte das Kreuzeszeichen auf meine Stirn und sagte in gebrochenem Griechisch: «Gott sei mit dir!»

Ich verneigte mich und küßte ihr die Hand.

Später, als wir wieder unterwegs waren, wollte ich von Publius wissen: «Warum hast du mir nicht gleich gesagt, daß sie Christen sind?»

«Du solltest es selbst merken», antwortete er. «Hast du nicht gesehen, wie der Vater das Brot teilte, indem er es mit der Hand brach, statt es mit dem Messer zu schneiden, und daß er den ersten Schluck Wein trank, ohne den Göttern einen Tropfen zu spenden?»

Die Sonne ging schon unter, da streckte Publius unvermittelt die Hand nach Norden aus und stellte fest:

«Rom!»

In der Ferne zeichnete sich die Hauptstadt des römischen Kaiserreichs gegen den Horizont ab. Die Stadt dehnt sich über Hügel und enge Täler aus. Mitten hindurch führt ein breiter Fluß, der Tiber.

«Der Hügel dort, der die anderen überragt, ist der kapitolinische, und der Tempel auf seinem Gipfel gehört Jupiter», erklärte uns Publius und wies auf ein schönes Gebäude, das rings von Säulen umgeben war, ähnlich wie ein griechischer Tempel. «Das ist das Herz Roms. Aber dorthin fahren wir nicht, weil es verboten ist, mit Wagen in die Stadt zu kommen.»

«Und wirst du uns jetzt verlassen?» fragte Myrto ängstlich.

«Nein», lachte Publius. «Ich gehe mit euch zu Fuß bis an die Tore des Palastes und verabschiede mich erst dort von euch.»

2. Im Palast des Nero

Philippos erinnert sich . . .

Publius stellte den Wagen in einem Gasthaus an einem der Stadttore ab. Dann führte er uns vorbei an Tempeln, Gärten, Brunnen, öffentlichen Bädern und verschiedenen Heiligtümern zu einem schönen Bronzetor, das sich auf einen prächtigen Garten öffnete.

«Wo sind wir?» fragte Myrto.

«Am Palast des Nero. Aber ich sehe keine Wache am Tor. Laßt uns hineingehen und fragen.»

Bevor wir aber weiter eindringen konnten, kam ein Soldat auf uns zu.

«Ich bitte dich, Ruhmreicher!» rief Publius. «Weißt du vielleicht wo wir den Zenturio Gaius Pompilius finden können?»

«Ich glaube, er hat heute keinen Dienst», sagte der Soldat freundlich.

«Schade», sagte Publius sichtlich enttäuscht. «Denn ich wollte ihm diese Griechenkinder übergeben, die zu dem Sängerchor von

Athen gehören und mit dem ersten Transport nicht mitgekommen sind.»

«Irgendwo liefen die Kinder hier heute herum», sagte der Unteroffizier. «Gib mir die beiden mit. Wir werden die andern schon finden.»

Er gab uns einen Wink ihm zu folgen, und als wir uns zuletzt noch nach Publius umsahen, war dieser schon verschwunden.

«Kommt, kommt», sagte der Unteroffizier und ging mit schnellen Schritten voran.

Ich schaute mich verwirrt um. Wir befanden uns in einem Garten, wie ich noch keinen je gesehen hatte. Hohe Zypressen, tiefgrüne Pinien, die sich wie Schirme ausbreiteten, Oliven-, Myrten- und Lorbeerbäume schmückten ihn. Rechts von uns warf ein Springbrunnen sein Wasser hoch in die Luft und bewässerte die Rosen, die ringsum blühten, während in einem blauen See weiter unten, zwischen Wasserlilien und Iris, zwei stolze Schwäne schwammen. Im Hintergrund konnte man einen schönen Pavillon mit schlanken Säulen, um die sich Efeu, Klematis und andere Blütengewächse rankten, erkennen. Aber am schönsten und aufregendsten war die Menge der wunderbaren Standbilder, teils aus Marmor, teils aus Erz, die zwischen den Bäumen standen und die Wege säumten. Hohe, bronzene Leuchter waren in regelmäßigen Abständen aufgestellt. Obwohl die Nacht noch nicht hereingebrochen war, brannten sie schon unter großen gläsernen Kugeln und verbreiteten ein honigfarbenes Licht. Der abendliche Lufthauch trug uns den Duft unzähliger Blumen und den Widerhall von fröhlichem Gelächter, von Liedern und Musik zu. Irgendwo wurde gefeiert. Eine Streife wurde sichtbar, ein Zug Soldaten mit einem großen, kräftigen Mann in römischer Offiziersuniform an der Spitze. Als er uns sah, trat er auf uns zu.

«Was sind dies für Kinder?» fragte er verwundert, aber freundlich. «Wer seid ihr?»

Ich wußte nicht, was ich sagen sollte, und schaute ihn ratlos an. Myrto kniff mich nervös in den Arm. Der Unteroffizier trat vor, grüßte, indem er den rechten Arm hob, und sagte zum Offizier:

«Sie gehören zu den Griechenkindern des Sängerchors, die zusammen mit den andern Chören bei dem Fest singen sollen, das Nero geben will. Der göttliche Kaiser hat ihnen großmütig den Zugang zu seinen Gärten erlaubt und ihnen gestattet, die Standbilder, die er aus Griechenland herbeischaffen ließ, zu bewundern.»

«So, so», meinte der Zenturio. «Und ihr beide habt dabei den Weg verloren, ja?»

«Nein», entgegnete ich. «Wir konnten nicht gleich mit der ersten Gruppe kommen und sind erst jetzt eingetroffen.»

«Darum seht ihr so jammervoll aus», sagte der Zenturio und schaute uns von Kopf bis Fuß an. «Servilius», fügte er zum Unteroffizier gewandt hinzu, «bring diese Kinder zu Glaukias, dem Vorsteher des kaiserlichen Personals.»

Wir folgten Servilius, der mit militärischem Marschschritt voranging. Je weiter wir vordrangen, desto dichter standen die Statuen. Zwischen den Marmorsäulen sah man verschiedene Figuren: einen Satyr, der eine Weintraube hochhielt, Amor mit gespanntem Bogen, Apollon mit der Lyra und Herkules, der sich auf seine Keule stützte. Ungewollt blieb ich immer wieder stehen und betrachtete sie, bis Servilius merkte, daß wir zurückblieben.

«Vorwärts, vorwärts!» rief er, «nicht trödeln!»

Myrto, die mehr Mut hatte, legte ihre Hand auf seinen dunkelbraunen Arm:

«Sind das alles griechische Standbilder?» fragte sie.

«Gewiß, gewiß!» sagte stolz der Unteroffizier. «Das sind einige, allerdings die schönsten, von den fünftausend Statuen, die der hochberühmte Nero, unser göttlicher Kaiser, aus Delphi, Olympia und Athen herschaffen ließ. Ganze Schiffsladungen voll schleppte er herbei, um die Hauptstadt der Welt zu schmücken. Offen gestanden», fügte er lachend hinzu, «mir wäre es lieber gewesen, er hätte die Schiffe mit Wein aus Samos und ein paar hübschen Sklavinnen aus Athen beladen. Aber der göttliche Kaiser liebt die Griechen so sehr, daß er ihnen die Freiheit schenkte, obwohl die dummen Graeculi sie gar nicht verdienen», sagte er und spuckte verächtlich aus. «Er verehrt die Götter und Heroen der Griechen so sehr, daß er die Stadt mit Bildern von Athene, Aphrodite und Herakles angefüllt hat, als ob unsere Götter nicht besser wären, z. B. Janus, Flora und die göttlichen Gründer unserer Stadt, Romulus und Remus, die ja auch die Vorfahren unseres göttlichen Kaisers sind.»

Ein dicker Mann mittleren Alters begegnete uns. Er war so reich gekleidet, daß ich ihn für einen Vornehmen hielt. Aber die Art, wie Servilius mit ihm redete, belehrte mich eines Besseren.

«Wo ist Glaukias?» fragte der Unteroffizier kurz. Schweigend wies der prächtig gekleidete Sklave auf einen Durchgang im Pavillon, vor dem ein schwerer Vorhang hing. Servilius schob diesen beiseite, und wir standen vor einem alten, kahlköpfigen Mann mit vorspringendem Kinn, der einen schweren, bestickten Mantel trug und hinter einem geschnitzten Tisch saß. Ein junger Mann stand vor ihm und las ihm aus einer Liste vor, indem er eine lange Rolle abwickelte.

Servilius grüßte und wollte sprechen, doch der Alte unterbrach ihn mit einem Wink seiner Hand.

«Von den 200 Negersklaven, deren Namen du mir vorgelesen hast, fehlen drei», sagte er zu dem Schreiber, der vor ihm stand. «Was ist mit ihnen geschehen?»

«Den einen, verehrter Glaukias, haben wir vorgestern enthauptet, damit der Kannibale aus Afrika etwas zu essen bekäme, die andern beiden befahl der göttliche Kaiser zusammen mit zwei Galatern zu den Krokodilen zu werfen, weil er gewettet hatte, daß die Krokodile das Fleisch der Weißen süßer finden würden als das der Schwarzen.»

«Also müssen wir auch zwei Galater von der Liste streichen», sagte der Alte und nahm eine andere Rolle in die Hand.

«Nein, Glaukias, streiche vier», sagte der Schreiber. «Erinnerst du dich, wie der ruhmreiche Kaiser vorgestern beim Mahl zwei Galater holen ließ, die vor ihm ringen sollten. Dem Sieger versprach er die Freiheit. Es siegte Vetos. Er war aber so schwer verwundet, daß wir ihm den Gnadenstoß geben mußten.»

«Ach ja!» erinnerte sich Glaukias ungerührt. «Warte, Orontis, wir fahren gleich fort. Was willst du, Unteroffizier?»

«Verehrter Glaukias», sagte Servilius und grüßte mit erhobenem Arm, «ich gehöre zur Wache des Optimius. Wir trafen diese Kinder in den Gärten. Sie gehören zu dem griechischen Sängerchor, der hier eintraf und den sie, wie sie sagen, verpaßten.»

«Der griechische Chor ist dem Kaiser nach Antium gefolgt», unterbrach ihn der Schreiber.

Glaukias richtete einen bohrenden Blick auf uns. Dann sagte er verstimmt:

«Gut, bring sie zu dem Chor aus Alexandria. Das sind ja auch Griechen. Die Kleine scheint ganz hübsch zu sein», meinte er und betrachtete Myrto prüfend. «Wir können sie dem Personal der Augusta Poppaea zuteilen — zum Ersatz für die Sklavin, die die Perle gestohlen hat und die wir gestern aufgehängt haben. Wie hieß sie doch gleich, Orontis?»

«Fulvia», antwortete Orontis.

«Ach ja, Fulvia. Wie heißt du denn, mein Mädchen?»

Ich spürte, wie Myrto krampfhaft meine Hand festhielt. Da nahm ich allen Mut zusammen, trat einen Schritt vor und sagte:

«Verehrter Glaukias, wir sind Griechen und, wie ihr wißt, hat der ruhmreiche Nero den Griechen die Freiheit geschenkt. Also kann eine freie Griechin aus Athen nicht Sklavin werden. Übrigens gehört sie zum griechischen Chor und wird mit ihm nach Griechenland zurückkehren.»

Dem Orontis traten die Augen aus dem Kopf, und er starrte mich mit offenem Munde an. Glaukias lächelte gezwungen und sagte:

«Es wird eine Ehre für deine Schwester sein, der göttlichen Augusta zu dienen, du vorwitziger Gräculus. Aber wenn du anderer Meinung bist, um so schlimmer für euch. Also, Orontis, kommen wir zum Schluß: Bring diese «freien Griechen» zu dem Chor aus Alexandria und kehre schnell zurück, damit wir die Aufstellung des Personals beenden können. Und vergiß nicht, diese Kinder mit in die Listen einzutragen.»

«Dein Name, junger Mann», fragte er und wandte sich an mich.

«Ich heiße Philippos und stamme aus Athen», antwortete ich.

«Philippos also», stellte er ironisch fest. «Und du?»

«Myrto», sagte meine Schwester mit unsicherer Stimme.

«Philippos und Myrto! Zwei Namen, die ich nicht vergessen werde.» Ein böses Lächeln glitt über Glaukias' Gesicht. Er hob die Hand und Orontis gab uns einen Wink, ihm zu folgen.

3. Der «Fisch»

Myrto erinnert sich . . .

Am selben Abend noch trennten sie uns beide. Ich fühlte mich sehr einsam in dem großen Schlafsaal, den ich mit zehn anderen Mädchen teilen sollte. Nach dem einfachen Abendessen wollte ich nicht in dem großen Saal mit den Alexandrinerinnen bleiben, die miteinander scherzten und lachten, sondern legte mich auf mein Bett und fing an zu weinen.

Ich hatte mein Gesicht im Kopfkissen vergraben, als ich spürte, wie eine Hand über mein Haar strich und eine sanfte Stimme fragte:

«Warum weinst du?»

Eine junge Frau mit liebem, dunklem Gesicht und großen, schwarzen Augen schaute mich teilnahmsvoll an:

«Hast du Sehnsucht nach deinen Eltern?» fragte sie. «Und nach deiner Vaterstadt Alexandria? Du mußt nicht traurig sein. Wenn die Festspiele zu Ende sind und ihr im Marcellustheater gesungen habt, werdet ihr nach Hause zurückkehren und eure Lieben wiedersehen.»

«Ich komme nicht aus Alexandria», sagte ich unter Tränen. «Ich bin aus Athen.»

Mit wenigen Worten erzählte ich ihr unsere Erlebnisse, von der Begegnung mit Glaukias und meiner Trennung von Philippos. Ich merkte, wie sie blaß wurde.

«Glaukias ist ein sehr böser Mensch», sagte sie. «Es macht ihm gar nichts aus, eine Sklavin oder einen Sklaven zum Tode zu verurteilen. Auspeitschen ist die leichteste seiner Strafen. Allerdings sind wir mehr als zweitausend Sklaven im Haushalt des Nero und kommen aus allen Teilen der Welt. Ohne Strafen ist es kaum möglich, Ordnung zu halten.»

«Zweitausend?» fragte ich. «Und was habt ihr alle zu tun?»

«Jeder hat seine bestimmte Arbeit», antwortete sie. «Um dir nur einen Begriff zu geben: Allein in diesem Flügel des Palastes arbeiten hundert Sklaven und Sklavinnen. Einige fegen, andere polieren die Möbel, stellen Blumen ein, machen die Betten, begleiten die Gäste des Kaisers ins Bad, helfen ihnen beim Anziehen und ordnen die Falten ihrer Gewänder, andere flechten Blumen für ihren Kopfschmuck. Sogar die Kinder, die hier geboren werden, sind Sklaven, weil ihre Eltern Sklaven sind. Auch sie haben ihre Pflichten. Sieh mal, meinen kleinen Sohn, der zehn Jahre alt ist, holen sie zu den kaiserlichen Gastmählern. Da er langes, seidenweiches Haar hat, lassen die Gäste sich darin die Hände abtrocknen.»

«Sie benutzen die Haare eines Kindes als Handtuch!« rief ich ganz entrüstet.

«Warum nicht?» sagte die junge Frau ergeben. Sie hieß Thisbe. »Wir gehören unserem Herrn, und er kann mit uns machen, was er will, er darf uns sogar töten. Ich kann mir denken, daß auch in eurem Haus in Athen dein Vater dasselbe Recht über die Sklaven hat.»

«Ich habe keinen Vater mehr», sagte ich bitter. «Aber als er lebte, hat er niemals seine Sklaven schlecht behandelt.»

Thisbe zögerte einen Augenblick, schaute mir ernst in die Augen, nahm von dem Tischchen neben meinem Lager einen dunklen Stift, mit dem man sich die Augenlider färbt, und zeichnete auf dem marmornen Fußboden einen Fisch. Ich schaute sie verständnislos an. Schnell löschte sie aber die Zeichnung mit ihrem Fuß wieder aus, wandte sich um, ob auch niemand sie beobachtet hatte, und legte den Stift an seinen Platz zurück.

«Nun schlaf, meine kleine Griechin», sagte sie. «Morgen früh wirst du deinen Bruder wiedersehen, und du sollst wissen, daß es jemanden gibt, der dich schützt vor jedem Unheil», schloß sie und betonte die letzten Worte.

Dann deckte sie mich zu, strich mir über das Haar und ging so lautlos fort, wie sie gekommen war.

Philippos erinnert sich . . .

Unser Chorleiter heißt Eumolpos und ist ein dunkelhäutiger Mann mit Adlernase und Spitzbart. Als ich seinen Namen dem Rufus, dem Jungen, der im selben Saal neben mir schläft, nannte, lachte dieser laut.

«Eumolpos! Den Namen hat er sich selbst gegeben. Als er noch Sklave meines Vaters war, hieß er Parther — nach dem Land, aus dem er kam. Aber nachdem wir ihn freiließen, hat er einen griechischen Namen angenommen. Du weißt ja, das ist jetzt Mode! Er wählte natürlich einen, der zu seinem Künstlerberuf paßt», fügte er spöttisch hinzu.

Lucius Rufus ist Römer, Sohn des Statthalters von Alexandria. Weil er Freude an der Musik und dazu eine schöne Stimme hat, machten die Alexandriner seinem Vater zuliebe ihn zum Vorsänger des Chors in der Hoffnung, auf diese Weise leichter den Preis zu gewinnen. Er sieht gut aus, ist aufgeweckt, aber schrecklich eingebildet.

«Sieh ihn dir an!» sagte er ironisch und beobachtete Eumolpos, der zwei Jungen beim Singen verbesserte. «Er spielt jetzt den Strengen! Nachdem er den Namen Eumolpos angenommen hat, glaubt er, er sei ein Mensch!»

«Wie meinst du das?» fragte ich. «Ist er denn kein Mensch? Hat er nicht Gedanken und Gefühle ebenso wie wir, spricht und leidet er nicht wie wir, hat er nicht eine Seele wie wir?»

«Eine Seele?» rief Rufus. «Was ist das für ein Unsinn! Was heißt Seele? Gewiß, diese törichten Ideen haben eure Sophisten[1], Sokrates[2] und Platon[3], erdacht. Aber ich sage dir, und das ist gewiß: Wenn du stirbst und verbrannt wirst, bleibt von dir nichts übrig als eine Handvoll Asche. Was heißt da ‹Seele›?»

«Weißt du, wer noch von Seele redet?» mischte sich ein hochgewachsener, schmächtiger Junge ein. «Diese scheußlichen Sektierer, die Christen.»

Lucius Rufus sprang auf.

«Was du nicht sagst!» rief er und machte mit der Hand eine Gebärde, als ob er das Böse selbst austreiben wollte. «Diese schrecklichen Menschen, deren Führer den schmachvollen Tod am Kreuz gestorben ist, wie ein gemeiner Verbrecher, die einen Eselskopf[4]

[1] Sophisten: Einflußreiche Lehrer, die gegen Entgelt verschiedene Fächer unterrichteten.

[2] Sokrates: Griechischer Philosoph 470—399 v. Chr. in Athen.

[3] Platon: Griechischer Philosoph 427—347 v. Chr. in Athen. Er war ein Schüler von Sokrates.

[4] In Rom ist heute noch eine Schmähzeichnung an einer Mauer zu sehen, die einen gekreuzigten Menschen mit einem Eselskopf zeigt, daneben einen Beter und die Bemerkung: «Alexamenos betet seinen Gott an.»

anbeten und sich nachts heimlich in Höhlen und Steinbrüchen versammeln, wo sie nicht nur Menschen opfern, sondern auch das Blut der geschlachteten Kinder trinken und deren Fleisch essen.»[1]

Ich traute meinen Ohren nicht! Solche Vorstellungen hatten die Römer also von uns Christen. Schon wollte ich antworten, da sah ich Myrto mit den anderen Mädchen zur Tür hereinkommen. Ich eilte, sie zu begrüßen, und vergaß darüber unser Gespräch.

Bei der Probe brach ein lauter Streit aus zwischen Eumolpos und Rufus. Der junge Römer widersprach seinem Lehrer und mißachtete dessen Weisungen, bis jener ihm drohte, ihn als Vorsänger abzusetzen und mir sein Amt zu übertragen, weil ich — wie er sagte — eine bessere Stimme und vor allem ein besseres Ohr als Rufus habe. Als mir Rufus daraufhin einen haßerfüllten Blick zuwarf, nahm ich allen Mut zusammen, trat vor und erklärte:

«Eumolpos, es ist nicht richtig, in einem Sängerchor, der aus der berühmten Stadt Alexanders kommt, einen Athener als Vorsänger einzustellen. Ich darf diese Ehre nicht annehmen.»

«Und daran tust du klug, Philippos!» zischte Rufus mir zu. «Wenn du das Amt angenommen hättest, würde der göttliche Nero bis heute Abend erfahren, daß du den Ehrgeiz hast, mit ihm im Singen zu wetteifern.»

Ein unterdrücktes Murren ging durch die Reihen der Sänger. Eumolpos schlug mit seinem Taktstock auf, und die Probe begann von neuem. Ich sang nur mit halber Stimme, wollte ich doch Rufus nicht übertrumpfen. Außerdem war mir aber auch alle Lust vergangen.

Als wir eine Pause machten, lief Myrto auf mich zu.

«Philippos», flüsterte sie, «wir sind von Feinden umgeben. Hier haßt jeder jeden. Menschenleben wird gering geachtet, und man kann aus nichtigem Anlaß hingerichtet werden. Wir müssen einen Weg zur Flucht finden. Heute abend werde ich Thisbe fragen, wie wir hier herauskommen können.»

«Wer ist Thisbe?» fragte ich.

[1] Seinerzeit weitverbreitete grobe Mißdeutung der Abendmahlsworte Jesu; vgl. Matthäusevangelium 26, 26—28 und Johannesevangelium 6, 51—58.

Sie erzählte mir von der Sklavin aus dem Mädchenschlafsaal und von dem Mitgefühl, das ihr diese einfache Frau entgegengebracht hatte.

«Aber manchmal hat sie merkwürdige Einfälle», berichtete Myrto. «Stell dir vor, als wir miteinander sprachen, zeichnete sie einen Fisch auf den Fußboden.»

Ich packte ihren Arm.

«Einen Fisch, sagst du?»

«Ja, einen Fisch!» Myrto war ganz überrascht über meine Reaktion. «Was ist schon dabei? Ist es etwas Schlimmes?»

«Im Namen Gottes, Myrto», sagte ich mit gesenkter Stimme, «sprich mit niemandem darüber. Der Fisch, der Ichthys[1], ist das Symbol der Christen. Ich kann dir gar nicht beschreiben, was ich vor kurzem an schrecklichen Anschuldigungen gegen die Christen von Rufus gehört habe.»

Myrto zitterte.

«Das ist ein Grund mehr für uns, so schnell wie möglich zu fliehen», sagte sie.

Myrto erinnert sich . . .

Als gestern abend Thisbe kam, um mir das Lager zu richten, war ich allein mit ihr im Schlafsaal. Ich lächelte ihr etwas mutiger als sonst zu und, als sie näher kam, machte ich auf meiner Brust das Zeichen des Kreuzes. Sie wurde plötzlich so blaß, daß ich glaubte, sie würde in Ohnmacht fallen.

«Jesus Christus, Gottes Sohn, Retter», flüsterte ich ihr zu. «Das bedeutete doch der Fisch, den du mir gestern hingezeichnet hast, oder?»

Sie warf einen unsicheren Blick auf die Tür und nickte dann zustimmend.

«Bist du etwa Christin?» fragte sie.

«Mein Bruder und ich glauben an Christus», antwortete ich ruhig. «Und da wir in dir unsere Schwester und nicht eine Sklavin sehen,

[1] Das griechische Wort für Fisch = ICHTHYS enthält die Anfangsbuchstaben der Worte «Jesus Christus, Gottes Sohn, Retter».

bitten wir dich, daß du uns hilfst, aus diesem Haus herauszukommen.»

Sie schaute mich erschrocken an.

«Das ist sehr schwierig», sagte sie. «Sehr schwierig, aber ich will tun, was ich kann, egal welche Folgen es haben könnte. Ich kenne den Torhüter des östlichen Gartentores», sagte sie nach kurzem Überlegen. «Er ist auch Christ. Jetzt, wo Nero abwesend ist, stellen sie keine militärische Wache auf, und wenn ihr euch dort aufhaltet, wenn der Garten mittags gerade leer ist, kann er euch heimlich herauslassen. Dann könnt ihr in das Haus eines Verwandten von mir gehen, zu Silvanus. Auch er ist Christ und hat an der Via Appia eine Bäckerei. Morgen früh gebe ich dir Bescheid.»

Ich umarmte sie. Sie hatte Tränen in den Augen.

Heute früh erwachte ich bei Tagesanbruch. Ich hatte mich im Bett aufgesetzt und erwartete Thisbe. Sie kam viel später als sonst, und an ihrem Aussehen erkannte ich, daß die Dinge nicht gut standen.

«Nero kehrt heute zurück», berichtete sie. «An allen Toren sind die Wachen verstärkt, und das ganze Personal ist auf den Beinen, weil der Kaiser ein großes Gelage gibt und den Alexandriner-Chor hören will, der hier geblieben ist.»

«So werden wir heute vor Nero auftreten!» rief ich schaudernd.

Thisbe nickte vielsagend.

«Ich verabscheue ihn, weil er seine Mutter, seine Frau und seinen Bruder töten ließ», sagte sie. «Aber das Volk liebt ihn, weil er Frieden gebracht hat und weil er oft Spiele und billiges Brot bietet. Das, liebes Mädchen, ist alles, was das Volk heute noch interessiert.»

4. Wie Myrto verschwand

Philippos erinnert sich . . .

Einige Tage später, als wir in den großen Speisesaal hinuntergegangen waren, wo die Mädchen und Jungen zusammen frühstücken (das Essen sättigt nicht richtig), suchte ich umsonst nach Myrto, die gewöhnlich mit den anderen Mädchen zu kommen pflegte. Zuerst meinte ich, sie übersehen zu haben, und schaute auf ihren Platz am Tisch. Der aber war leer. Ich dachte, ihr sei vielleicht nicht ganz wohl und lief, sobald die Mahlzeit zu Ende war, zu einem der Mädchen, einer dunklen Alexandrinerin, die immer neben ihr am Tisch gesessen hatte, und fragte sie, warum Myrto nicht gekommen sei.

«Sie ist fort», kam die Antwort.

«Sie ist fort? Wie? Seit wann?»

«Heute morgen in der Frühe; Glaukias kam mit Thisbe und nahm sie mit. Ich schlief, offen gestanden, noch halb und habe es gar nicht richtig gemerkt. Ich hörte nur, wie sie beim Weggehen rief: ‚Das muß Philippos sofort erfahren.' Dann gingen sie hinaus, und weil ich noch so müde war, schlief ich gleich wieder ein.»

Ohne weitere Erklärungen abzuwarten, eilte ich zu Eumolpos.

«Sie haben Myrto weggeholt», rief ich. «Weißt du, daß sie Myrto geholt haben?»

«Gewiß», sagte er gleichgültig.

«Und wohin haben sie sie gebracht?»

Er zuckte mit den Schultern.

«Woher soll ich das wissen? Ich bin nur verantwortlich für die Kinder hier, die ich aus Alexandria hergebracht habe.»

Wie ein Wahnsinniger rannte ich in die kleine Halle, die auf die Gärten der Mädchen blickt, aber dort fand ich nur einen dunkelhäutigen Riesen, der mit einem Speer in der Hand den Eingang bewachte.

«Ich will Thisbe sehen», erklärte ich.

Er schaute mich an, ohne ein Wort zu sagen.

«Ich muß Thisbe unbedingt sehen», sagte ich. «Ruf sie wenigstens, damit ich mit ihr reden kann.»

Er schüttelte den Kopf, öffnete seinen Mund und zeigte mit dem

Finger auf die Öffnung. Seine Zunge war herausgeschnitten. Ich schaute ihn entsetzt und mitleidig an, und mir schien, daß in seinen Augen ein Strahl Menschlichkeit aufleuchtete. Da kam mir ein wahnwitziger Gedanke. Ich gab ihm einen Wink, herzusehen und zeichnete mit dem Finger in den feinen Kies des Gartens einen Fisch. Freude strahlte aus seinen Augen. Dann schaute er sich ängstlich um. Erst als er sich vergewissert hatte, daß niemand zu sehen war, gab er mir ein Zeichen zu warten. Fünf Minuten später erschien eine zierliche, dunkle Frau in der reichen Tracht einer Palastsklavin.

«Du bist Thisbe, nicht wahr? Ich bin Philippos. Sag mir, was haben sie mit Myrto, meiner Schwester, gemacht?»

«Glaukias hat sie mitgenommen», erwiderte sie mit leiser Stimme. «Er sagte mir aber nicht, wohin er sie bringen wollte. Der Palast ist riesig. Vielleicht hat er sie ins Haus der Augusta Poppaea geschickt. Dort kannst du aber ohne besondere Erlaubnis nicht hinein.»

«Gibt es dort denn niemanden, der uns helfen könnte? Niemand, der an Christus glaubt, wie du und ich?»

Sie wollte gerade antworten, als ich merkte, wie sie erschrocken aufblickte und sich rasch zurückzog. Im selben Augenblick hörte ich Schritte und Rufus' Stimme.

«Ah, hier bist du, mein lieber Athener», sagte er spöttisch. «Ich habe dich schon überall gesucht. Was treibst du hier in der Mädchenabteilung? Und was unterhältst du dich mit Sklavinnen?» Dabei warf er einen verächtlichen Blick auf Thisbe und die Wache.

«Ich wollte mich nach meiner Schwester erkundigen», antwortete ich kurz. «Sag du mir, bitte, warum du hinter mir herläufst?»

«Ich hinter dir her? O nein! Eumolpos hat uns erklärt, daß wir heute abend unseren ersten Auftritt beim Mahl des göttlichen Augustus haben sollen; davon wollte ich dich unterrichten.»

Er schaute wieder mit hochgezogenen Brauen um sich, und ich sah, wie sein Blick auf die Zeichnung zu meinen Füßen fiel. Leichtsinnigerweise hatte ich sie noch nicht verwischt.

«Hast du das gezeichnet?» fragte er lauernd.

«Ich?» entgegnete ich mit gespielter Gleichgültigkeit. «Du redest dummes Zeug, Lucius, das hat wohl ein Kind im Spiel gemalt.»

«Vielleicht», sagte Rufus mißtrauisch. «Laß uns jetzt gehen. Eumolpos wartet.»

Er ging voran, und ich folgte ihm. Als ich zurückschaute, sah ich, wie Thisbe sorgfältig den Kies glättete.

Myrto erinnert sich . . .

Was sich heute morgen ereignet hat, ist in meinem Kopf noch ganz durcheinander. Ich kann mich gar nicht an die richtige Reihenfolge erinnern.

Ich weiß nicht einmal, wie ich, noch halb schlafend, in eine Sänfte gehoben wurde und mir Thisbe zuflüsterte: «Setz deine Hoffnung auf Ihn!», und sich dann der Vorhang schloß. Nachdem wir durch Gärten, Säulenhallen und Korridore — soweit ich durch den schmalen Spalt der Vorhänge sehen konnte — gelangt waren, spürte ich, wie die Sänfte auf den Boden gesetzt wurde. Jemand zog die Vorhänge zurück, und ich stand Glaukias gegenüber. Vor mir erhob sich ein gewölbter Bau, der in vielfarbigem Marmor glänzte.

«Wo bin ich?» fragte ich und schaute geblendet und erschrocken um mich.

«In den Bädern», gab Glaukias zur Antwort und winkte mir, weiterzugehen. «Es scheint, ihr Athener wascht euch nur an Brunnen», lachte er spöttisch. «Die römischen Damen verbringen fast ihren ganzen Tag hier», fügte er hinzu. «Und da du nun einmal in Rom bist, mußt du dich an unsere Lebensweise gewöhnen. Rubria!« rief er. «Ich bringe dir die Neue, die ich dir schon angekündigt habe. Nimm sie und bring sie zurück, wenn sie fertig ist.»

Eine dicke, derbe Frau nahm mich bei der Hand. Während wir zusammen weitergingen, schaute sie mich prüfend von Kopf bis Fuß an.

«Wohin bringst du mich?» fragte ich sie.

«Zuerst in den Ankleideraum.» Sie schien verwundert über meine Frage. «Und dann ins Bad.»

Der Ankleideraum war ein länglicher Korridor. Die Wände waren mit schönen Mosaiken, die Nymphen darstellten, geschmückt. Zwei schwarze Sklavinnen, beide jung und freundlich, nahmen mir meine Kleider, wickelten mich in ein Laken, brachten mir eine Haube und übergaben mich Rubria, die mich zuerst in eine große warme Halle führte und nach einiger Zeit in das Caldarium[1], wie sie es nannte. Dieser Raum hatte Löcher in der Decke. Er war voll von Frauen und Mädchen. Sie saßen oder liefen umher und schwatzten, ohne sich im geringsten zu genieren, obwohl sie völlig unbekleidet waren. Es war so warm und durch die Löcher drang so viel heiße Luft, daß ich in kurzer Zeit schweißgebadet war. Ein großes, ehernes Becken befand sich inmitten der weiten Halle. Mehrere Mädchen schwammen dort. Ich stieg hinein und plantschte etwas. Das Wasser war lauwarm und duftete angenehm. Kurze Zeit später ließ mich Rubria herauskommen und brachte mich in einen kleinen Raum, der außer einer Steinbank keinerlei Möbel enthielt. Ich mußte mich hinlegen. Eine Badefrau fing an, mich derartig kräftig zu reiben, daß ich meinte, die Haut müsse abreißen. Dann kam eine andere. Diese salbte mich mit parfürmiertem Öl ein, wickelte mich in ein Laken und übergab mich wieder Rubria, die mich durch einen langen Gang führte und in eine große, reich ausgestattete Kleiderkammer brachte.

Viele Tuniken[2] in verschiedenen Farben und aus mancherlei Geweben hingen an Leinen, die von einer Wand zur andern gespannt waren. Am Ende des Raumes, zwischen zwei großen Fenstern, stand auf einem Sockel aus geschnitztem Holz ein großer Spiegel, in dem man sich von Kopf bis Fuß betrachten konnte.

Rubria warf einen Blick in die Kleiderkammer und wählte ein weißes Gewand mit blauer Stickerei. Sie warf es mir über und schüttelte dann den Kopf.

«Nein», meinte sie, «das macht dich zu schön.»

«Könnt ihr mir nicht endlich sagen, wohin ihr mich bringen wollt?» fragte ich.

«Das weiß nur Glaukias», antwortete sie, aber ich merkte, daß auch sie es wußte. Sie wählte ein einfacheres Kleid, setzte mich vor den Spiegel und ordnete mir die Haare auf komplizierte Weise. Dann

[1] Caldarium: der Raum mit warmem Wasser in einem römischen Bad, das aus Tepidarium (lauwarmes Luftbad), Caldarium (Heißwasserbad) und Frigidarium (kaltes Bad) bestand.

[2] Tunika: Das hemdartige, kurzärmelige Gewand der Römer für Männer und Frauen wurde bis knapp unter das Knie getragen, im Hause ohne, auf der Straße mit Gürtel.

hüllte sie mich in ein langes Obergewand und öffnete die Tür. Glaukias hatte draußen gewartet und trat näher.

«Ah, jetzt sieht sie schon viel besser aus», sagte er und betrachtete mich dabei prüfend. «Du hast gute Arbeit geleistet, Rubria!»

Die Sänfte war verschwunden, aber hinter Glaukias standen zwei Neger. Er hieß mich weitergehen, aber ich blieb wie angewurzelt stehen.

«Ich gehe keinen Schritt weiter!» rief ich. «Ich bin keine Sklavin, ich bin eine freie Griechin, und ich will wissen, was ihr mit mir vorhabt!»

Ich sah, wie Rubria und die beiden Neger vor Schreck erstarrten. Glaukias aber warf mir einen giftigen Blick zu und lachte.

«Das wirst du sehr bald erfahren», sagte er und gab den beiden Negern einen Wink, mich zwischen sich zu nehmen. Er selbst blieb einen Augenblick stehen, um die Falten seines Mantels zu ordnen. Dann schritt er mit hocherhobenem Kinn voran.

Ich mußte weinen, konnte kaum sehen und stolperte bei jedem Schritt.

Wir stiegen eine Marmortreppe hinauf, ein schwerer Vorhang wurde zur Seite geschoben, und ich befand mich in einem Zimmer, das so reich ausgestattet war, daß ich mit offenem Mund stehenblieb.

Auf einem Thron aus geschnitztem Holz und Marmor saß eine junge Frau, deren goldfarbenes Haar in Wellen bis auf den Fußboden reichte. Sie trug ein durchsichtiges, weißes Gewand und betrachtete sich in einem goldenen Spiegel, den eine Sklavin ihr entgegenhielt, während andere dabei waren, ihr das Haar zu flechten und mit Blumen und Perlen zu schmücken. Glaukias stand in ehrfurchtsvollem Abstand und wartete. Plötzlich stieß die blonde Frau einen Schrei aus:

«Wie ungeschickt, du hast mir weh getan!»

Darauf ergriff sie eine lange Nadel, die in einem Kissen steckte, und durchbohrte den Arm des Mädchens, das sie kämmte. Diese stöhnte vor Schmerz und hielt ihren Arm, während eine andere mit Kämmen fortfuhr, als ob nichts gewesen wäre.

«Glaukias», wandte sich die blonde Frau mit ihrem schönen, aber harten Gesicht an den Palastbeamten, «die Sklavinnen, die du mir besorgt hast, sind schrecklich, gerade gut genug für die wilden Bestien. Wer ist denn diese hier?» fragte sie und heftete ihren kalten Blick auf mich.

«Dies ist die junge Athenerin, die ich dir empfahl, gnädigste Augusta», antwortete Glaukias mit einer bodentiefen Verbeugung.

Ich hatte also recht mit meiner Befürchtung. Glaukias hatte mich zu Poppaea, der hartherzigen Kaiserin, die für ihre Grausamkeit bekannt war, gebracht.

«Ah, ja! Komm näher, Kleine!»

Ich fiel auf die Knie.

«Göttliche Augusta», sagte ich, «ich bin keine Sklavin, ich bin freie Griechin. Ich flehe dich an . . .»

«Ich habe dich auch nicht zur Sklavin bestimmt», sagte Poppaea lachend. «Du gehörst in mein Gefolge, und ich meine, das wirst du als Ehre ansehen. Ich möchte dich genauer betrachten», sagte sie und zog mir das Obergewand aus.

«Welch ein Einfall, Glaukias, mir eine blonde Hofdame zu bringen! Ihre Haare werden neben meinen wie Stroh aussehen! Aber laß gut sein, sie hat blaue Augen und eine gute Figur. Das übrige wird in Ordnung gebracht. Ich will sie behalten!»

5. Das große Festmahl

Philippos erinnert sich . . .

Von allen Räumen des Palastes kannte ich bisher nur die unsrigen. Diese waren so reich mit Marmortafeln, Malereien, geschnitzten Türen, Kristall und Bronze ausgeschmückt, daß ich meinte, es könne gar nichts Üppigeres geben.

Aber als man uns am Abend durch die kaiserlichen Gemächer in die Festhalle führte, waren nicht nur ich, sondern auch die anderen Kinder so beeindruckt, daß wir die Sprache verloren.

Die Decke dieser Halle bildete eine gewaltige Kuppel, die von dem Licht vieler Bronzeleuchter angestrahlt wurde. Alle Wände waren mit goldenen Platten getäfelt, und die Tische, in drei Gruppen aufgestellt, waren aus Ebenholz und mit Elfenbein verziert. Die Liegen an den Tischen waren mit den Fellen seltener Tiere, seidenen Decken und wertvollen Teppichen bedeckt.

Unser Chor war als erster eingetreten und konnte sich in der vordersten Reihe des Podiums aufstellen. Wir waren in kurze, seidene Tuniken mit roten Gürteln gekleidet und hatten rote Binden im Haar. Die Halle war voll von Gästen, Senatoren in weißen Togen[1] mit dem roten Streifen, Soldaten in bunten Uniformen und Damen mit phantastischen Frisuren und ausgefallenen Kleidern. Ich suchte nach Myrto, obwohl ich wußte, daß sie unmöglich hier sein konnte. Plötzlich ertönten Trompeten und Hochrufe, und Nero mit seinem Gefolge erschien. Er sah viel jünger aus, als ich ihn mir vorgestellt hatte. Er war erst sechsundzwanzig Jahre alt und wäre ein schöner Mann gewesen, wenn sein vorspringendes Kinn nicht so kantig und sein Gesicht und Körper nicht so fett gewesen wären. Aber am häßlichsten war sein Haar: rot und stumpf wie ungeputztes Kupfer.

Er trug eine seidene amethystfarbene Tunika, hatte einen goldenen Lorbeerkranz auf dem Kopf und hielt ein seidenes Tuch vor dem Mund.

«Das tut er, um sich vor Erkältung zu schützen und seine göttliche Stimme zu bewahren», flüsterte Rufus.

Ich schenkte ihm keine Aufmerksamkeit und suchte angestrengt nach Myrto. Mit Nero war auch Poppaea eingetreten, hellblond, hochgewachsen und mit einem Stirnschmuck aus Amethysten im Haar. Acht bis zehn Mädchen bildeten ihr Gefolge, alle mit tiefschwarzem Haar und alle gleich gekleidet. Nirgends entdeckte ich Myrtos blonde Zöpfe.

Nero gab einen Wink, und alle ringsum setzten sich. Die Sklaven begannen die Speisen aufzutragen. Ganze Pfauen, die Fächer ihrer Schweife weit geöffnet, waren auf Schüsseln angerichtet, Hasen, die aussahen, als liefen sie noch, eine ganze Sau mit winzigen Ferkeln um sich herum und schließlich ein ganzes Kalb, das ein Koch, als griechischer Krieger verkleidet, mit seinem Schwert zerlegte und an

[1] Toga: Das Obergewand, das nur römische Bürger tragen durften. Die Toga wurde über der Tunika getragen.

die Gäste austeilte. Inzwischen trugen Sklaven in grünen Tuniken und Efeukränzen auf dem Kopf tönerne Henkelkrüge mit Wein herbei, entsiegelten sie vor dem Obermundschenk und leerten sie in einen riesigen Mischkrug, während andere mit Löffeln aus einem tiefen Bottich Schnee schöpften, in den Mischkrug schütteten und mit dem Wein vermengten.

«Schnee?» fragte ich. «Wie kommt der zu dieser Jahreszeit hierher?»

«Ihr Griechen habt aber auch keine Ahnung», erwiderte Rufus. «Der Apennin ist das ganze Jahr über schneebedeckt, und Nero hat einen eigenen Sklavendienst eingerichtet, der den Schnee von den Gipfeln herunterschafft.»

Nero aß mit seinen Fingern und hielt immer wieder die Hände einem Sklaven hin, der sie mit einem seidenen Tuch abwischte. Ab und zu hielt er inne und betrachtete uns prüfend durch eine Smaragdlinse, die an seinem Hals hing.

Nach einer Stunde, als meine Füße schon vom langen Stehen einzuschlafen drohten, gab er uns das Zeichen anzufangen. Ich tat mein möglichstes, so schön, wie ich nur konnte, zu singen. Da entdeckte ich ein Paar blaue Augen, die auf mich geheftet waren. Es war Myrto. Nein, das war unmöglich. Das Mädchen, das mich anstarrte, war schwarzhaarig. Als sie meine Verwirrung bemerkte, lächelte sie mir zu. Myrto war also in Poppaeas Gefolge. Sie hatten ihr die Haare schwarz gefärbt. Ich weiß gar nicht mehr, wie ich das Lied zu Ende brachte. Eumolpos schaute mich verärgert an, und Rufus drängte mich entschlossen beiseite und sang seinen Teil mit stolzer Miene. Als wir geendet hatten, spendete uns Nero gnädig Beifall und hieß uns niedersitzen. Eumolpos setzte sich neben mich und schimpfte heftig, aber leise mit mir, während auf der anderen Seite Rufus schadenfreudig zuhörte. Das war mir alles egal: Ich konnte nur noch an Myrto denken. Ich überlegte, wie ich mit ihr sprechen und vor allem, wie ich sie aus Poppaeas Nähe entführen könnte. So sehr war ich mit meinen Gedanken beschäftigt, daß ich gar nicht merkte, wie aus einer Öffnung in der Kuppel Tausende von Rosenblättern in die Halle gestreut wurden, daß ein Orchester von Zimbeln, Rasseln und Flöten angestimmt hatte und an dem einen Ende des Raumes aufspielte und daß gegenüber dem kaiserlichen Tisch zwei Athleten mit geölten Körpern sich einen Kampf auf Leben und Tod lieferten. Ein allgemeiner Lärm holte mich aus meinen Gedanken zurück. Ich sah, wie der eine Kämpfer zu Boden sank, während der andere ihm triumphierend den Fuß auf die Brust setzte und Nero anblickte. Dieser nickte, ballte die Faust und wies mit dem Daumen nach unten. Im nächsten Augenblick hatte der Sieger seinen unglücklichen Kameraden an den Haaren gepackt und riß ihm plötzlich den Kopf nach hinten. Es krachte, und mit gebrochener Wirbelsäule rollte der Besiegte tot zur Seite. Ein leises Raunen entstand hinter Poppaea. Ich sah, wie die Kaiserin sich lächelnd zu Nero wandte, worauf er sich vor Lachen schüttelte. Als wieder Ruhe eintrat, waren Myrto und einige andere Mädchen des Gefolges verschwunden.

6. Nach Antium

Philippos erinnert sich . . .
«Du hast mich blamiert», sagte am nächsten Morgen Eumolpos zu mir, als wir uns im Musiksaal versammelten. «Große Schande hast du mir gemacht, und ich befürchte fast, daß ich deinetwegen vom Wettbewerb ausgeschlossen werde. Jedenfalls bricht Nero heute auf, weil er sehr unter der Hitze der Stadt leidet. Er will sich zusammen mit Augusta Poppaea am Meer erfrischen. Der ganze Chor soll ihn begleiten; sieh also zu, daß du heute abend besser singst.»

Mein Herz schlug vor Freude. Ich sollte mit Myrto zusammen reisen. Vielleicht würde es mir gelingen, in ihre Nähe zu kommen und mir ihr zu sprechen, womöglich könnte ich ihr zur Flucht verhelfen.

«Es tut mir leid, daß ich gestern abend versagte», wandte ich mich an Eumolpos. «Glaub mir, ich habe es nicht mit Absicht getan, aber ich war verwirrt, weil ich meine Schwester im Gefolge der Kaiserin erkannte.»

Nach einer halben Stunde brachen wir auf. Poppaea und ihr Gefolge reisten in einem Wagen, vor den Maultiere gespannt waren. Nero wollte zuerst selbst seinen Wagen lenken, den vier weiße Pferde zogen, aber dann ließ auch er sich lieber im Reisewagen fahren. Ich ging am Ende des langen Zuges, zusammen mit dem Alexandriner-

Chor und dem Palastpersonal. Trotz aller Bemühungen gelang es mir nicht, auch nicht von weitem, Myrto zu sehen.

Wir zogen nach Westen, an Parks, Marmorpalästen und reichen, von Prachtgärten umgebenen Villen vorbei. Schließlich gelangten wir an die Tore der Stadt, die nicht mehr geschlossen wurden — wen sollte das weltbeherrschende Rom wohl fürchten? —, und kamen auf die Via Appia. Hier befand man sich schon auf dem Lande, inmitten von Pinien und Weingärten. Wir waren etwa zehn Stadien[1] auf diesem ländlichen Weg vorangekommen, als wir anhielten. Nero wollte sich ausruhen.

Auf einer abwärts geneigten Wiese wurden Teppiche und Kissen ausgebreitet; Nero stieg aus dem Wagen und legte sich erschöpft nieder. Neben ihm setzte sich Poppaea, und mein Herz schlug heftig, als ich die immer noch schwarzhaarige Myrto sah, die die Kaiserin mit anderen Mädchen zusammen begleitete. Ich suchte mir einen Platz, von dem aus wir uns sehen konnten.

«Ein idyllisches Fleckchen!» rief Nero begeistert. «Es läßt die nahe Stadt ganz vergessen. Auf dem grünen Rasen bekommt man Lust den ‹Raub der Proserpina durch Pluton› oder den ‹Tod der Eurydike› oder die ‹Begegnung von Nausikaa mit Odysseus› zu singen.»

«Singe uns etwas, göttlicher Nero! Singe uns etwas!» Von allen Seiten rief man ihm zu. «Gönne uns den Genuß, deine göttliche Stimme zu hören!»

Nero schüttelte das Haupt.

«Ich will meine Stimme nicht ermüden», sagte er. «Ich werde nur Lyra spielen. Ich will aber zu meiner Inspiration vor mir eine Szene sehen, eine von denen, die ich eben genannt habe. Was meinst du dazu, göttliche Poppaea, können nicht einige aus deinem Gefolge auf die Wiese gehen und so tun, als pflückten sie Blumen, wie Proserpina mit ihren Freundinnen?»

«Eine großartige Idee! Eine göttliche Idee!» riefen alle, die in der Nähe waren.

«Und wer soll den Pluton spielen?» fragte Poppaea kokett.

Nero schaute sich um. Sein Blick fiel auf mich.

[1] Ein Stadion = 192 m.

«Dieser junge Mann!» sagte er und zeigte auf mich. «Ich bevorzuge einen jungen und schönen Pluto.»

Alle lachten und spendeten Beifall. Wir versammelten uns auf der Wiese, und während noch Kränze für die Mädchen geflochten wurden, schmiedete ich bereits einen Plan. Als Proserpina wollte ich Myrto wählen, würde sie ergreifen, und mich mit ihr zunächst in einem Gebüsch verstecken. Wenn sie dann alle in Unruhe gerieten, weil wir nicht zurückkehrten, würde ich mit Myrto schon geflohen sein.

Mir wurde ein riesiger, schwarzer Mantel umgelegt, der mich völlig bedeckte. Dann sagte man mir, beim Ruf Neros «und jetzt tritt Pluto auf!» solle ich aus dem Gebüsch, in dem ich mich verborgen hielt, hervortreten und eines der Mädchen ergreifen.

Bald stimmte Nero ein Stück auf seiner Lyra an. Alles wurde still. Hin und wieder unterbrach ein von der Kunst bewegtes Seufzen die Stille. Die Mädchen, in leichte Gewänder gekleidet und mit Blumen im Haar, bemühten sich, ihre Tanzschritte seinem Takt anzugleichen.

Plötzlich ließ Nero einige dumpfe Akkorde ertönen und sagte halblaut: «Jetzt tritt Pluto auf!»

Ich sprang aus meinem Versteck hervor, und während die Mädchen sich nach allen Seiten wie gescheuchte Vögel zerstreuten, ergriff ich Myrto, nahm sie in die Arme und lief mit ihr ans Ende der Wiese, wo ich mich im dichten Gestrüpp verbarg. Dann hörte ich die letzten Akkorde der Lyra und einen Beifallssturm.

«Laß uns schnell laufen», befahl ich Myrto.

«Wohin?» Sie sah mich ängstlich an.

«Wir wollen fliehen, ausbrechen!»

«Bist du wahnsinnig geworden, Philippos? Sie werden uns nach hundert Schritten wieder greifen!»

Ich wußte ja, daß sie recht hatte, aber ich zerrte sie immer weiter mit. Sie versuchte, Widerstand zu leisten. Da spürte ich plötzlich, wie die Erde unter unseren Füßen nachgab. Myrto klammerte sich krampfhaft an meinen Hals, und im nächsten Augenblick lagen wir beide in einem tiefen Loch.

«Myrto, hast du dir weh getan?» fragte ich besorgt, als ich wieder Grund unter den Füßen hatte.

«Nein», sagte sie leise, «du?»

«Bei mir ist alles in Ordnung», antwortete ich.

Wir befanden uns im Halbdunkel. Die Zweige der wilden Rosen, die das Loch verdeckt hatten, tarnten unser Versteck. Plötzlich rieß Myrto mich an sich und flüsterte:

«Horch!»

Schritte und Stimmen näherten sich. Ich hörte sie Myrtos Namen rufen. Schwere Schritte, vielleicht von einem Soldaten, kamen auf unser Loch zu.

«Bei Pluto», murmelte jemand, «die Erde hat sich aufgetan und sie verschlungen!»

Noch einige Male hielten wir den Atem an. Dann entfernten sich die Stimmen und Schritte wieder. Schließlich hörten wir von weitem den Lärm der Menschen, die sich versammelten, und der Wagen, die aufbrachen. Danach wurde es still.

«Myrto, sie sind weg, wir sind gerettet», freute ich mich.

«Wir müssen erst aus diesem Loch herauskommen», meinte meine Schwester nüchtern.

Meine Augen hatten sich an das Halbdunkel gewöhnt, und ich sah mich neugierig um. Wir steckten in einem kleinen, viereckigen Keller mit zwei Steinbetten, die in die Wände gehauen waren. Auch Bettdecke und Kissen waren kunstvoll in den weichen Stein geschnitten. An der Wand, zwischen den beiden Betten, waren aus Stein Pfannen, Fische, Geflügel, Bratroste und ein Spanferkel abgebildet. Ein zerbrochener Krug stand auf der Erde. Sonst war nichts im Raum.

«Myrto», sagte ich. «Wir befinden uns in einem etruskischen Grab. In dieser Gegend gibt es viele davon, wie mir Publius erzählt hat. Die Grabräuber, die hier plünderten, haben sich dieses Loch gegraben, um ins Innere zu gelangen. Durch dieses Loch sind wir hereingefallen.»

«Sicher, aber die Räuber hatten Stricke, um wieder hinauszusteigen.»

«Auch wir werden wieder rauskommen. Aber wir werden warten, bis es ganz dunkel geworden ist», tröstete ich.

Wir saßen auf den Steinbetten der toten Etrusker und warteten auf den Abend. In der Zwischenzeit erzählte mir Myrto ihre Begegnung mit Poppaea, und wie die Kaiserin verfügt hatte, daß sie ihre blonden

Haare schwarz färben sollte, damit man sie nicht mit ihren eigenen vergleichen könne. Dann berichtete ich meine Erlebnisse. Als wir endlich herauskletterten, war es schon Nacht.

Ich hatte gleich gemerkt, daß die Wurzeln der wilden Rosen in die Mauern des Grabes eingewachsen waren und bis zur Decke reichten und daß ihre langen Ranken in den Raum hingen. Myrto lehnte sich an die Wand. Ich stieg auf ihre Schultern, hielt mich an Wurzeln und Zweigen fest und kletterte heraus. Dann wickelte ich meinen schwarzen Umhang zu einem festen Strick zusammen, legte mich an die Öffnung des Grabes und zog Myrto hoch. Sie sog die frische Luft ein.

«Jetzt sind wir frei wie Vögel», stellte sie fest.

«Das wollen wir hoffen», sagte ich und schaute mich um.

7. In den Katakomben

Philippos erinnert sich . . .

Ich beobachtete aufmerksam die Straße, die unter dem sommerlichen Sternenhimmel weiß glänzte und völlig verlassen dalag.

«Wie hieß doch Thisbes Bekannter, von dem sie dir erzählt hat?» fragte ich Myrto.

«Silvanus. Und sie sagte, er habe eine Bäckerei an der Via Appia.»

«Hast du Kraft, noch etwas zu Fuß zu gehen?»

«Du stellst Fragen!» erwiderte sie und drückte mir die Hand.

Wir wickelten uns in meinen Umhang, der uns beiden bis an die Füße reichte, und setzten unseren Weg nach Rom fort.

Jedesmal, wenn ich Schritte oder Hufgeklapper hörte, zog ich Myrto schnell beiseite, und wir verbargen uns hinter einem Baum oder einem Zaun, bis die Straße wieder frei war.

Wir hatten gut tausend Schritte zurückgelegt, als ich verschiedene Gestalten erblickte, die, in dicke Mäntel gehüllt, ebenso vorsichtig gingen wie wir und alle dieselbe Richtung eingeschlagen hatten. Sie gingen schweigend zu zweit und zu dritt. Einige beleuchteten den Weg mit kleinen Laternen, die sie aber in den Falten ihrer Mäntel verbargen. Ein solches Paar kam an uns vorbei. Als man sah, daß wir uns ganz an den Rand des Weges drängten, traten sie an uns heran.

Es waren zwei alte Leute in schlichter Kleidung. Ein freundliches Lächeln erhellte ihr Gesicht, als sie uns gegenüberstanden.

«Soll ich euch den Weg beleuchten, seht ihr genug?» fragte der Mann und holte die Laterne aus dem Mantel hervor.

«Danke, nein», sagte ich stockend. «Ich sehe schon genug.»

«Dann folgt uns!» sagte er und schritt uns voran.

Myrto drängte sich an mich: «Wohin sollen wir ihnen folgen?» flüsterte sie.

«Ich weiß nicht», flüsterte ich zurück.

Ich merkte, wie es immer mehr Menschen wurden, als ob sie ein geheimes, nächtliches Treffen aufsuchten. Nach wenigen Schritten bogen wir links ab und traten in einen Zypressengarten. In der Dunkelheit konnte man so etwas wie eine niedrige Pforte ausmachen, die in einen Keller hinabführte.

Hier waren schon viele Leute versammelt. Alle waren in Mäntel gewickelt und hatten den Kopf verhüllt, als ob sie fürchteten, gesehen oder erkannt zu werden.

Alles schwieg.

Einzeln stiegen die vermummten Gestalten durch den schmalen Gang hinab, der nur durch Fackeln erhellt war und sich in der dunklen Tiefe verlor.

Der Alte, der uns aufgefordert hatte mitzukommen, stand vor mir. Ich zupfte ihn am Mantel und fragte:

«Wo sind wir?»

Er schaute mich erstaunt an:

«Ihr wolltet doch hierher, in die Katakomben, nicht wahr? Kommt ihr zum ersten Mal?»

«Ja», erwiderte ich, «zum ersten Mal.»

Sein Blick wurde argwöhnisch.

«An wen glaubst du?» fragte er.

«Ich glaube an den einen Gott und Heiland Jesus Christus!» antwortete ich.

Das klang überzeugend, und sein Gesicht leuchtete auf.

«Dann kommt herein, meine Geschwister!» forderte er uns auf.

Ich folgte ihm mit Myrto, und als wir zum Eingang in den Keller gelangten, wo jeder einem großen, kräftigen jungen Mann ein besonderes Zeichen vorlegte oder ein Losungswort sagte, faßte uns der Alte bei den Schultern und sagte: «Sie gehören zu mir!» und ließ uns vor sich eintreten.

Wir stiegen eine enge, lange Treppe hinunter und befanden uns bald in einem ausgedehnten, unterirdischen Tunnel, in dem gerade zwei Menschen nebeneinander Platz hatten. Das flackernde Licht der Fackeln und die Menge der fremden Gestalten in ihren dunklen Mänteln, die gebückt und schweigend voranschritten, bildeten eine geheimnisvolle Atmosphäre.

«Ich habe Angst», flüsterte Myrto.

Ich drückte ihre Hand, um ihr Mut zu machen, aber innerlich hatte ich auch Angst. Etwas weiter gelangten wir schließlich in einen weiten Raum, der aber kaum Platz genug für uns alle bot.

In der Mitte des Raumes stand ein Tisch und darauf ein hölzernes Kreuz, von einer Öllampe schwach beleuchtet.

«Myrto», sagte ich, «Myrto, fürchte dich nicht. Zu diesen Leuten gehören wir. Wir sind in einer Christenversammlung.»

In diesem Augenblick erklang ein Psalm, zuerst verhalten und leise, nach und nach aber lauter und zuversichtlicher.

Die Menschen sangen und baten Gott, sie aus dem Dunkel ins Licht zu führen. Dabei hoben sie Augen und Hände zum Himmel auf. Ihre Gesichter machten einen Ausdruck, als wären sie weit entrückt aus dieser Welt.

Ich war so bewegt, daß sich meine Augen mit Tränen füllten. Neben mir kniete Myrto und weinte.

Eine Frau wandte sich nach uns um. Ihre Kapuze war zurückgefallen. Im flimmernden Licht der Fackeln erkannte ich Thisbe.

Myrto erinnert sich . . .

Nie hätte ich gedacht, daß mein Wiedersehen mit Thisbe so glücklich sein würde.

Sie drückte mich an sich, als wäre ich ihr Kind. Als der Gottesdienst dann in der unterirdischen Krypta beendet war, nahm sie uns beiseite und bat Philippos, ihr unsere Flucht in allen Einzelheiten zu schildern.

«Jetzt müßt ihr euch verstecken, damit sie euch nicht wiederfinden. Ich könnte euch hier in den Katakomben verbergen», sagte sie nachdenklich. «Es sind alte, unterirdische Steinbrüche, die wir Christen benutzen, um hier unsere Toten zu begraben und unsere Versammlungen abzuhalten. Aber ihr könnt nicht Tag und Nacht hier im Dunkeln leben. Nehmt lieber die Gefahr in Kauf und geht zu meinem Freund Silvanus. Wartet, ich will ihn rufen.»

Vorher warnte sie uns, nicht von der Stelle zu weichen, denn wenn jemand sich hier in diesen unterirdischen Stollen verlaufe, sei es fast unmöglich, seinen Weg wiederzufinden. Dann entfernte sie sich, um Silvanus zu rufen.

Während wir auf sie warteten, sahen wir uns in dem halbdunklen Raum um.

Außer dem steinernen Tisch mit dem Kreuz und der dreiflammigen Lampe gab es weiter nichts in dem Keller. Die Wände und die niedrige Decke waren mit schlichten Malereien geschmückt. Meist sah man einen Fisch, das Symbol der Christen, manchmal das griechische Monogramm IX, die Anfangsbuchstaben von dem Namen «Jesus Christus». Tauben, Blumen und eine vielverzweigte Weinrebe gehörten auch zu den Verzierungen.

An einer nahen Wand, die frisch gestrichen war, sah ich eine Tafel mit einer Inschrift:

«Kind Athenodoros, dein Geist finde Ruhe.
Kind, der Herr gedenke deiner.»

Ich stieß meinen Bruder an.

«Schau, Philippos, ein Grab!» sagte ich. «Dort unten ist noch eins. Auch das hat eine Inschrift.»

Ich kam nicht mehr dazu, sie zu lesen, denn Thisbe kehrte zurück. Mit ihr kamen zwei ältere Leute.

«Bruder Silvanus», stellte sie Thisbe vor, «und seine Frau Calpurnia.»

«Die kennen wir schon», riefen Philippos und ich. «Sie haben uns auf der Straße getroffen und uns hierher mitgenommen.»

«Und stell dir vor», sagte ich zu dem alten Herrn, «wir waren gerade auf dem Wege zu eurem Haus!»

«Mein Haus befindet sich ganz in der Nähe», sagte Silvanus.

Auf dem Weg erzählten wir, was wir erlebt hatten. Silvanus, aber auch Calpurnia und Thisbe meinten, wir sollten doch so schnell wie möglich diese Gegend verlassen.

«Ich habe eine Idee», sagte Silvanus. «Morgen früh gehe ich zum Hafen Ostia, um Mehl und Salz zu holen. Da werde ich Philippos als meinen Gehilfen mitnehmen und ihn dem Presbyter der christlichen Gemeinde, Proklos, übergeben.»

«Ich lasse Myrto hier nicht allein», sagte ich entschlossen. «Poppaea wird gewiß nach ihr suchen.»

«Myrto soll übermorgen nachkommen», sagte Silvanus. «Ich werde ihr die Haare abschneiden und auch sie als meine Gehilfin ausgeben.»

Ich lachte über den Scherz, denn ich konnte mir nicht vorstellen, daß Silvanus das ernst gemeint hatte. Wir setzten uns zu dem bescheidenen Mahl, das Calpurnia zubereitet hatte. Silvanus erhob sich, machte ein Kreuz über das Brot und den Wein und betete. Ich tat wie er und war tief ergriffen von der Herzensfrömmigkeit dieser römischen Geschwister.

Kurz darauf ging Thisbe fort. Wir nahmen mit Tränen voneinander Abschied, wußten wir doch nicht, ob wir uns je wiedersehen würden. Ehe sie aber ging, nahm sie ein kleines hölzernes Kreuz von ihrem Hals und reichte es mir.

«Das ist mein kostbarster Schatz. Du bist doch getauft?»

«Ja, das bin ich!»

«Dann darfst du es tragen», sagte sie und legte es mir um den Hals.

8. Ein römischer Bäcker

Philippos erinnert sich . . .

Silvanus' Haus lag hinter dem Bäckerladen. Darin befanden sich auch die Mühle mit dem Müller und zehn Gehilfen, die die Mühle bedienten, denn sie wurde von Hand betrieben.

«Diese waren früher alle Sklaven», erzählte mir Silvanus. «Und arbeiteten an Ketten. Aber seitdem ich und mein ganzes Haus getauft sind, habe ich ihnen die Freiheit geschenkt, obwohl das Gesetz es eigentlich verbietet.»

Wir traten durch die Hintertür ein, weil Silvanus nicht wollte, daß uns die Arbeiter sehen sollten, die gerade dabei waren, die Backöfen zu heizen und die Brote zu kneten, die beim Morgengrauen fertig sein sollten. Das Ehepaar hatte nur eine verheiratete Tochter, die in Ostia, dem Hafen von Rom, lebte. Dort wollte Silvanus uns verstecken, zuerst mich und dann auch Myrto.

Sie gaben mir ein Lager in einer Kammer zum großen Hof. Silvanus' Frau Calpurnia wies Myrto in das Zimmer ihrer Tochter Silvana, die nach römischem Brauch den Namen ihres Vaters erhalten hatte.

Meine Kammer besaß nichts von dem Luxus, den wir im Palast gesehen hatten, aber sie war freundlich und sauber. Durch das offene Fenster drang der Geruch von verbranntem Holz und frischgebackenem Brot.

Vor Tagesanbruch kam Silvanus und weckte mich.

«Wir müssen zeitig aufbrechen», sagte er. «Ich will nicht, daß dich viele Leute mit mir zusammen sehen.»

«Darf ich mich vorher von Myrto verabschieden?» bat ich.

«Sie schläft am andern Ende des Hauses bei meiner Frau. Morgen früh bringe ich die beiden nach Ostia, dann siehst du sie wieder.»

Er reichte mir einen Anzug aus grobem, ungefärbtem Leinen und einen Mantel mit Kapuze.

«Ich werde dich als meinen Gehilfen ausgeben und sagen, ich hätte dich mitgenommen, weil du mir helfen sollst, von Ostia Mehl und Salz herzuschaffen.»

«Mahlt ihr denn nicht hier euer Mehl?»

«Gewiß, aber nach Ostia bringen sie aus Ägypten viel weißeres und feineres Mehl, das nur für Kuchen gebraucht wird. Mehl dieser Qualität können wir hier gar nicht mahlen.»

Er kämmte mir die Haare, damit sie nach römischer Mode in die Stirn fielen, band mir einen Gürtel um, wie Bäckergehilfen ihn tragen, und nahm mich mit hinunter in die Mühle. Es war nicht nur eine, sondern da standen gleich vier Mühlen nebeneinander, die wie riesige Trichter aus Stein aussahen und über einer Vertiefung im Boden aufgestellt waren. Ein Arbeiter war auf den oberen Rand des

Trichters geklettert und goß den Weizen hinein. Vier weitere Arbeiter waren an die hölzernen Griffe der Mühle angeschirrt und drehten den Mühlstein. Als sie Silvanus sahen, wünschten sie ihm freundlich «Guten Morgen», ohne dabei ihre Arbeit zu unterbrechen, und er begrüßte sie mit den Worten: «Der Segen des Herrn sei mit euch!»

Von dort gingen wir hinüber in den Knetraum, wo mehr Frauen als Männer arbeiteten. Sie kneteten an riesigen steinernen Trögen Teig, der danach in die Backstube getragen wurde. Sobald eine Ladung Brot aus dem Ofen kam, duftete der ganze Raum. Es waren lauter runde, speichenförmig eingeschnittene Brotlaibe. Silvanus bemerkte meine Verwunderung.

Er nahm einen Laib Brot in die Hand, brach ihn mitten durch und sagte:

«Nicht alle meine Kunden kaufen einen ganzen Laib, einer nimmt einen halben, der andere ein Viertel oder auch nur ein Achtel vom Brot. Mit dieser Einteilung, die vor dem Backen eingeritzt wird, können wir jedem geben, so viel er will, ohne uns lange mit Messer oder Waage aufzuhalten.»

Er brach ein Stück von dem frischen Brot ab, das er in der Hand hielt, und gab es mir. Ich hatte heute früh noch nichts gegessen und verzehrte es mit größtem Appetit. Silvanus lächelte, gab einem Jungen einen Wink, und der brachte mir ein Stück Käse, das er aus einer Schüssel holte, in der die Portionen für die Arbeiter schon fertig zugeschnitten lagen.

«Du kannst dein Frühstück draußen fertig essen», sagte Silvanus. «Wenn nämlich die Sonne hoch steht, ist es verboten, auf den Straßen der Stadt mit Wagen zu fahren. Wir dürfen keine Zeit verlieren.»

«Das ist verboten?» wunderte ich mich, «wieso?»

«Du wirst schon sehen», antwortete er kopfschüttelnd.

Ein kleiner, zweiräderiger Karren mit einem Maulesel erwartete uns im Hof.

Als Gehilfe, der ich ja sein sollte, half ich, die leeren Säcke aufzuladen, und setzte mich dann neben Silvanus, der die Zügel in die Hand nahm. Es war nun ganz hell geworden, und die Straße belebte sich. Deshalb riet mir Silvanus, meinen Kopf mit der Kapuze zu bedecken. Ich bemerkte, daß wir, statt direkt ans Meer zu fahren, die Straße nahmen, die zur Stadt führte.

«Du mußt wissen», antwortete Silvanus auf meine Frage, «daß auf der ganzen Via Appia heute Streifen nach euch suchen werden. Darum nehmen wir die andere Richtung.»

Bald standen die Häuser dichter, und auf den Straßen drängten sich die Menschen. Händler brachten auf Eseln Nahrungsmittel zum Markt: frisches Gemüse, Geflügel, Fisch. Der kleine Wagen hatte jetzt schon Mühe, auf den engen Straßen durchzukommen. Auf beiden Seiten waren hohe Häuser mit drei, vier und sogar fünf Stockwerken. Alles schien ärmlich und ungepflegt: Von den Mauern bröckelte der Putz, viele Fenster waren verbrettert. In fast jedem Haus befand sich ein Laden, der jetzt seine Türen öffnete. Die Häuser hatten weite, gewölbte Eingänge, die in die Innenhöfe führten. Von Balkons und Fenstern hing Wäsche zum Trocknen; an vielen Punkten war die Straße so eng, daß die Frauen zum gegenüberliegenden Haus Seile spannten und an diesen ihre Wäsche aufhingen.

Silvanus bemerkte meine Verwunderung.

«Das ist ein ganz schöner Unterschied zum Kaiserpalast, nicht wahr?» meinte er.

«Das ist es nicht, worüber ich mich wundere», erwiderte ich. «Ich hatte nur nicht erwartet, derart hohe Häuser in Rom zu sehen.»

«Was sollen wir machen?» erklärte Silvanus. «Hier wohnen mehr als eine Millionen Menschen. Alle mußten innerhalb der Mauern Platz finden. So fingen wir schon zur Zeit der Republik[1] an, in die Höhe zu bauen. Dabei entstanden diese schrecklichen Häuser, die wir «Inseln» nennen. Sie erreichen die Höhe von fünf und sechs Stockwerken, und in jedem Stockwerk wohnen fünf bis zehn Familien, arme Leute, wie du siehst. Die Häuser sind schlecht gebaut und stürzen oft genug ein. Dabei kommen jedesmal viele Menschen ums Leben.»

In den Straßen staute sich der Verkehr, die Läden waren auf. Ein Friseur hatte seinen Sessel auf die Straße gestellt und angefangen, den ersten Kunden zu rasieren. Ein Geldwechsler hatte vor sich auf einem kleinen Tisch alle möglichen Sorten Gold- und Silbermünzen liegen und rief nun mit lauter Stimme seine Wechselkurse aus. Ein Koch hatte seine Pfanne vor die Taverne gestellt und verkaufte dampfende

[1] 510 — 30 v. Chr.

Würste an die Passanten, während eine Hausfrau aus dem dritten Stock einen Eimer Wasser auf die Seitenstraße goß.

An den Ecken standen blinde und verkrüppelte Bettler und baten mit schwacher Stimme um Almosen. Ein kleiner Junge hatte aus einer Kneipe ein großes Kohlenbecken auf die Straße geholt und blies in die Glut, um ein Feuer zu entfachen. Ich überlegte, was wohl geschehe, wenn das Becken umkippte und der Laden Feuer fing. Wie rasch würde sich das Feuer in dem ganzen Haus ausbreiten! Als ich Silvanus fragte, antwortete er mir, daß auf diese Weise oft ganze «Inseln» abbrannten.

Silvanus holte aus seinem Beutel eine Silbermünze und reichte sie einem bedauernswerten Alten.

«Ein Sesterz!» rief der Alte. «Mein Herr, Jupiter soll dich schützen und Bellona und Vesta und Attis und Isis und Mithras und Baal und alle Götter, die du anbetest!»

Silvanus gab dem Maulesel einen Peitschenhieb.

«Diese Vielgötterei wird noch unser Reich zugrunde richten», sagte er kopfschüttelnd. «Als ob die alten olympischen Götter nicht genug gewesen wären. Da haben unsere Soldaten aus den eroberten Ländern in Afrika und Anatolien noch eine Menge von barbarischen Göttern hinzugeholt und drängen uns jetzt auch noch deren Verehrung auf. Darum haben wir die Botschaft von dem einen und einzigen Gott angenommen, von dem Gott der Liebe, der von uns weder Opfer noch Geschenke verlangt. Er hat uns durch Christus vergeben und möchte, daß wir unsere Mitmenschen lieben.»

Nur mühsam bahnte sich Silvanus durch die Menge einen Weg, durch die fliegenden Händler, die Gaffer, die um einen dunkelhäutigen, nackten Inder standen und zuschauten, wie er mit seinem Flötenspiel eine Schlange tanzen ließ.

«Jetzt siehst du, warum der Wagenverkehr am Tage innerhalb der Stadt untersagt ist!» bemerkte er.

Die Sonne stand schon hoch, als wir an die äußeren Tore kamen. Obwohl sie nicht mehr geschlossen wurden, standen an jedem zwei Wachen.

«Sage jetzt nichts», empfahl mir Silvanus. «Und stimme allem zu, was ich sage!»

«Sei gegrüßt, alter Silvanus!» rief der eine Wachmann, der ihn offenbar schon lange kannte. «Hat dein Ofen heute Brot gebacken?»

Silvanus lächelte ihm zu und holte aus einem Sack ein frisch gebackenes Brot heraus, dann gleich noch ein weiteres, das er der zweiten Wache reichte.

«Wie ich sehe, hast du heute auch Gesellschaft!» rief der erste und wies auf mich. «Wo hast du den jungen Mann denn aufgelesen?»

«Er ist ein Griechenjunge aus Tarent», erklärte Silvanus. «Sein Vater war früher einmal Kneter in meiner Bäckerei. Jetzt hat er mir seinen Sohn geschickt, daß auch er das Handwerk lerne.»

«Griechenjunge» meinten die Wachen neugierig. «Aus Tarent, sagst du? Weißt du, Silvanus», fügte er mit einem argwöhnischen Blick auf mich hinzu. «Wir haben Befehl, einen Griechenjungen aus Athen, falls er hier vorbeikommt, festzunehmen.»

Silvanus lachte herzlich und sagte:

«Athener Griechenjungen arbeiten nicht als Gehilfen in römischen Backstuben! Aber wenn sie mir auch von dort einen Gehilfen schicken würden, wollte ich ihn doch nicht nehmen, denn er würde mir das Brot gewiß so unbekömmlich machen, wie die Redekünste dortzulande sind.»

Die beiden Wachen lachten und ließen uns durch. Silvanus sah mich listig zwinkernd an.

Wir trabten etwa eine Stunde auf der ebenen Straße, als ich den Geruch des nahen Meeres zu spüren begann. Da machte der Weg einen Bogen und vor uns lag Ostia, der Seehafen Roms.

9. Die Schreckensnachricht

Philippos erinnert sich . . .

Das Haus von Marcus, dem Schwiegersohn des Silvanus, liegt auf einer kleinen Erhebung über dem Hafen. Dort ließ mich mein guter Beschützer zurück, bevor er weiterfuhr, um in den Speichern seinen Karren zu beladen.

Er erzählte seiner Tochter unsere Geschichte und sagte ihr, am nächsten Tag wolle er auch Myrto bringen.

Silvana, die wie ihr Vater, Christ ist, zeigte sich neugierig und wollte recht viel über die kaiserlichen Paläste, den Luxus dort und die Gärten wissen. Sie staunte, daß ich Nero selbst aus nächster Nähe gesehen hatte, und fragte mich, ob Poppaea denn wirklich so schön sei, wie die Leute sagten.

Gegen Abend kam auch ihr Mann, und nach dem Essen saßen wir auf der Terrasse. Beide bedrängten mich mit Fragen und baten mich, von den Palästen und ihren Bewohnern, aber auch von Athen zu erzählen.

Ich war müde und abgespannt und dachte während der ganzen Zeit nur an Myrto. Es war das zweite Mal, daß wir getrennt worden waren, und obwohl ich sie in Sicherheit wußte, machte ich mir doch Sorgen um sie.

Plötzlich zeigte Silvana auf eine dichte Nebelwand, die den Horizont im Osten verdunkelte.

«Noch nie habe ich Anfang Juli solchen Dunst gesehen», sagte sie.

Ihr Mann schüttelte den Kopf und meinte:

«Das ist kein Dunst, das ist Feuer. Sie werden auf den Feldern trockenes Kraut verbrennen. Riechst du es nicht?»

Ich roch verbranntes Holz, als der Wind in unsere Richtung blies. Auch die Nacht zerstreute den Nebel nicht: Er wurde dichter, und man konnte in der Ferne einen trüben, rötlichen Schein erkennen.

«Sie müssen auf vielen Feldern Feuer gelegt haben», sagte Silvana, als wollte sie sich Mut machen.

Im selben Augenblick näherte sich ein Rufer im Galopp. Silvana streckte die Arme fragend aus, aber bevor sie den Mund öffnete, schrie der Reiter schon so laut er nur konnte:

«Rom brennt! Rom brennt von einem Ende zum andern!»

«Mein Vater! Meine Mutter!» rief Silvana.

«Myrto», schrie ich im gleichen Augenblick. «Was soll ich machen? Myrto ist in Rom!»

«Marcus, wir müssen sie retten!» drängte Silvana und sank ihrem Mann in die Arme.

«Ich will mit euch gehen!» rief ich und eilte ihnen nach.

10. Rom brennt!

Philippos erinnert sich . . .

Marcus hatte in seinem Stall keine Pferde, die uns nach Rom bringen konnten. Mit etwas Mühe trieben wir ein Maultier auf. Damit auch ich mitkommen konnte, spannte Marcus das Maultier vor einen leichten Wagen. Silvana half ihm dabei, während ihr Tränen über die Wangen liefen und sie unentwegt Gebete murmelte. Für den Notfall gab sie uns etliche Kleider mit und legte ein Beil, eine Brechstange und zwei Rollen Seile in den Wagen.

Obwohl Marcus ihm die Peitsche gab, lief das Maultier so langsam, daß ich schier verzweifeln wollte. Vor Ungeduld biß ich mir in die Hände. «Wir werden nie hinkommen», dachte ich. «Wir schaffen es nie!»

Nach längerer Zeit begegneten wir einem Reiter, der vorbeigaloppieren wollte.

«Wo ist das Feuer?» rief ihm Marcus zu.

«Es fing an bei den Baracken am großen Kolosseum[1] und breitet sich jetzt zum Palatin[2] hin aus». Der Reiter hielt sein Pferd kurz an und antwortete keuchend. «Es geschehen schreckliche Dinge in der Stadt, Leute legen Feuer, töten und rauben. Ich rate euch, geht ja nicht dorthin», empfahl er uns und setzte sich wieder in Galopp.

Statt einer Antwort peitschte Marcus das Maultier kräftig. Es lief jetzt noch langsamer, da der Weg bergauf führte. Als wir aber auf der Höhe angelangt waren und sich vor uns das Tibertal ausbreitete, war der Anblick, der sich unsern Augen bot, so schrecklich, daß wir unwillkürlich stehenblieben.

Das ganze Tal war von einer dichten, schwarzen Rauchwolke bedeckt, die von einem Ende des Horizontes bis zum andern reichte. Unterhalb dieser Wolke zog sich ein Feuerstrom hin, der bald dunkelrot, bald hellgelb aufleuchtete. Bei jedem Windstoß breitete sich der feurige Strom weiter aus und bedeckte nun fast das ganze Tal.

[1] Kolosseum: Das größte Amphitheater der antiken Welt mit über 50 000 Plätzen. Hier wurden die Spiele abgehalten.

[2] Palatin: Einer der sieben Hügel der Stadt Rom.

Ich spürte, wie sich mein Herz zusammenschnürte.

«Meinst du, daß wir noch rechtzeitig kommen?» fragte ich Marcus.

Er schüttelte den Kopf.

«Ich fürchte nicht so sehr das Feuer, wie die Leute, die uns am Vorankommen hindern werden. Sieh nur!»

In der Tat: Die Straße füllte sich schon mit Flüchtlingen, die sich retten wollten.

Einige hatten Wagen mit allem beladen, was ihnen gerade in die Hände fiel, andere flohen auf Maultieren und Pferden oder schoben Karren vor sich her, in die sie ihren armseligen Besitz und ihre Kinder gepackt hatten. Aber die meisten gingen zu Fuß mit ihren Kindern auf dem Arm und ihrer Habe auf dem Rücken. Furcht, Angst und Schrecken malte sich auf allen Gesichtern.

Auf unsere Fragen bekamen wir die Antwort:

«Geht nicht hinein! Geht nicht hinein! Ihr werdet niemanden retten und kommt nur selbst noch um.»

Als wir an die Stadttore kamen, war der Menschenandrang so groß, daß Marcus unmöglich weiterkonnte. Er wählte einen stillen Seitenweg und verfolgte diesen, bis wir an ein eingefallenes Gebäude gerieten.

Wir versteckten Wagen und Maultier hinter einer hohen Mauer, so daß sie von außen nicht zu sehen waren, dann steckte sich Marcus das Beil in den Gürtel, warf ein Seil über die Schultern und nahm die Brechstange.

Ich versah mich mit dem zweiten Seil und mit einem Stock. Der Widerschein des Feuers war so stark, daß es taghell war, und der Menschenstrom auf dem Hauptweg war so dicht geworden, daß wir selbst zu Fuß Mühe hatten, voranzukommen.

«Hierher!» rief mir Marcus plötzlich zu.

Wir bogen ab in einen Weg, wo aus einem Haus offene Fässer, Tische, Küchengeräte und Kleider herausgeworfen wurden. Es war eine schreckliche Hitze. Hin und wieder brachte der Wind Rauch, der im Hals brannte und die Tränen in die Augen trieb. Aber das Feuer war noch nicht bis hierher gelangt.

Plötzlich hörten wir eine laute Stimme. Eine Frau rannte an uns vorbei. Sie war mit einem Bündel beladen, das sie wenige Schritte weiter niederwarf: ihre Kräfte hatten versagt. Im selben Augenblick erschienen drei Männer. Der eine hielt eine Fackel in der Hand, die andern beiden Messer. Sie sahen das Bündel auf der Erde und fingen sofort an zu streiten, wer es bekäme. Der mit der Fackel bückte sich und legte Feuer an einen der Körbe, die auf die Straße geworfen waren. Wir hatten uns an die dunkle Mauer gedrückt, so daß wir nicht gesehen werden konnten.

«Gehen wir», flüsterte Marcus, «denn die Flammen werden uns hier von allen Seiten einschließen.»

Wir kamen noch wenige Schritte weiter, da erkannte ich durch den Rauch die niedrige Pforte, die in Silvanus' Hof führte. Im selben Augenblick hörte ich Frauenstimmen, die aus dem Haus um Hilfe schrien.

«Calpurnia!» rief Marcus.

Und ich: «Myrto!»

11. Vom Feuer umzingelt

Myrto erinnert sich . . .

Erst als das Feuer schon fast bis an unsere Tür gelangt war, merkten wir die Gefahr, die uns umgab.

Die erste Nachricht von dem Brand der Speicher und des großen Hippodrom mit seinen Buden erreichte uns am Mittag. Dann kamen Menschen, die aus Rom flohen und anhielten, um Brot zu kaufen. Sie erzählten voll Schrecken, daß das Feuer durch Brandstiftung gelegt worden sei und daß Leute am Löschen gehindert wurden. Später kamen noch schlimmere Nachrichten. Das Feuer hatte sich furchtbar ausgebreitet, und Verbrecher waren in die Stadt gedrungen, um zu plündern. In den Stadtvierteln der Armen hatten die hohen Häuser Feuer gefangen und stürzten unter lautem Getöse zusammen, wobei die unglücklichen Bewohner in den Flammen umkamen. In den Vierteln der Reichen töteten die Sklaven ihre Herren, die sie gequält hatten, raubten, was sie Wertvolles fanden, und ließen ihre alten und behinderten Besitzer verbrennen.

Silvanus' Frau versuchte, ihren Mann zur Flucht zu überreden, aber er schüttelte den Kopf.

«Ich bleibe bis zuletzt hier, um Brot und Mehl an die Unglücklichen auszuteilen», sagte er. «Wer will, mag fliehen.»

Um Mitternacht war die Hitze unerträglich geworden, der Rauch drohte uns zu ersticken. Immer wieder fielen Funken und brennende Lumpen, die der Wind hochgewirbelt hatte, in unseren Hof.

Da kam ein Arbeiter, Virilus, angelaufen:

«Herr, flieht!» rief er. «Im Namen Christi, flieht! Unsere Straße brennt schon!»

Silvanus wickelte sich fest in seinen Mantel und befahl uns, ihm zu folgen. Die meisten seiner Leute waren schon geflohen. Nur wir vier waren noch übriggeblieben. Wir eilten die Treppe hinunter, liefen durch Mühle und Backstube. Aber ehe wir den Laden erreichten, blieben wir von Angst gepackt stehen. Wildes Gelächter und laute Stimmen drangen aus dem Geschäft. In dem ungewissen Licht der Lampen sahen wir drei Kerle, die Brote und Mehlsäcke hinausschafften, während ein anderer, der ihnen mit einer Fackel leuchtete, sich gerade anschickte, Feuer an den Reisighaufen zu legen, der in einer Ecke zum Anzünden der Backöfen bereitlag.

«Halt!» schrie Silvanus, «Halt! Ihr Schurken!»

Einen Augenblick lang wichen sie erschrocken zurück. Dann, als sie bloß einen alten Mann mit zwei Frauen sahen, stürzten sie sich johlend auf uns. Ich sah, wie der alte Silvanus getroffen zu Boden fiel. Als ich aufschrie, packte mich einer der Männer und warf mich wie einen Sack über seine Schulter. Gerade wollte er zur Hoftür laufen, da trat ihm Virilus entgegen. Er hatte ein schweres Brecheisen ergriffen, das er wie einen Mühlenflügel herumwirbelte, um seine Herrin zu schützen. Der mich gepackt hatte, kehrte um und lief zum Innenhof. Ich versuchte mit aller Kraft, mich von ihm zu befreien, kratzte und biß ihn, aber er war zu dick gekleidet.

Ich schrie verzweifelt um Hilfe. «Ach», dachte ich, «wo bleibt bloß Philippos? Wenn er hier wäre, würde mein Bruder mich retten!»

Der Kerl, der mich wegschleppte, war schon mitten im Hof.

Plötzlich sprang jemand über die Hofmauer. Als er wieder aufstand, erkannte ich ihn im Schein der Feuersbrunst.

«Hilfe, Philippos! Hilfe!» schrie ich.

Ich sah, wie mein Bruder einen langen Knüppel schwang, vernahm einen dumpfen Schlag, und mein Entführer ließ mich fallen.

«Philippos», schrie ich, «Philippos!»

Er beugte sich über meinen Entführer, der die Besinnung verloren hatte.

«Ich glaube nicht, daß er schwer getroffen ist», sagte Philippos. «Aber laß uns fortrennen, ehe er wieder zu sich kommt.» Er nahm mich bei der Hand, und wir liefen zur Hoftür.

In diesem Augenblick sprang Marcus in den Hof.

«Dorthin», rief ich und wies zum Brotladen. «Silvanus, seine Frau . . .»

Da stießen wir auf Virilus, der gerade die beiden Verbrecher zusammenschlug und sich nun an den dritten heranmachte. Von seinem Gesicht rann Blut, und sein linker Arm hing verletzt herab. Seine Kräfte waren verbraucht.

Ich sah, wie Marcus die Brechstange hob und schloß die Augen. Dann hörte ich einen Körper zu Boden fallen: Auch den dritten Räuber hatte es erwischt.

«Wo ist Silvanus?" fragte Philippos.

Ich zeigte in die Ecke. Dort saß der alte Mann auf dem Boden an die Wand gelehnt. Blut rann aus einer Kopfwunde, aber er schien nicht schwer getroffen. Philippos half ihm aufzustehen, während Marcus die alte Calpurnia in die Arme schloß und tröstete. Ein furchtbares Getöse ließ uns erstarren. Der ganze Himmel war von einem grellen Licht erhellt, Funken flogen bis in den Laden hinein.

«Die Ecke des Hauses ist eingestürzt!» rief Virilus. «Lauft! Vielleicht können wir uns noch retten!»

Aber der alte Silvanus konnte nicht mehr gehen.

Marcus nahm ihn in seine Arme, und obwohl mir selbst die Knie zitterten, forderte ich Philippos auf, der alten Calpurnia zu helfen. Virilus ging voran. In der Hand hielt er das furchtbare Brecheisen. Der Rauch drohte uns zu ersticken. Deshalb hielt ich mir mein Kleid vor den Mund. Das half mir atmen. Wir kamen auf die Hauptstraße. Ich hielt mich fest an Philippos' Gewand, damit wir uns nicht verlieren sollten, denn die Menge bedrängte uns von allen Seiten. Auf der Via Appia mußten wir anhalten.

«Sie machen Kontrollen», erklärte uns jemand. «Es kommen viele aus der Stadt, die in die Tempel eingedrungen sind und Heiligtümer der Götter gestohlen haben. Jetzt wollen sie die Soldaten festnehmen.»

Wir blieben stehen und warteten, bis wir an die Reihe kamen. Hinter uns brannte die Stadt. Das Knistern des Feuers, das Dröhnen der zusammenstürzenden Häuser, das Schreien der Menschen, die in den Flammen umkamen, ließ es mir kalt über den Rücken laufen. Als wir uns der Kontrolle näherten, wurde ich seltsam unruhig. Ich drückte Philippos' Hand. Da hörte ich vor mir eine bekannte, unsympathische Stimme:

«Da ist ja unser junger Athener Freund, den wir verloren und gesucht haben! Und natürlich, wo Philippos ist, da ist auch Myrto!»

Vor mir stand spöttisch lachend Glaukias mit einigen Prätorianern[1].

«Servilius», sagte Glaukias, «diese jungen Menschen gehören, wie du weißt, in den Haushalt des Kaisers. Sorge dafür, daß sie an einen sicheren Ort gebracht werden.»

12. Wiedersehen mit Glaukias

Philippos erinnert sich . . .

Durch die Aufregung war ich noch so verwirrt, daß mir die Tatsache, wieder in Glaukias' Händen zu sein, gar nicht richtig bewußt war. Auf dem ganzen Weg dachte ich nach, was wohl geschehen wäre, wenn ich wenige Minuten später gekommen wäre.

In dem Hin und Her am Tor kamen wir nicht mehr dazu, uns vom alten Silvanus und von Calpurnia zu verabschieden. Die Menge hatte sie weitergerissen. Ich sah nur noch, wie sie uns winkten.

Wir wurden zu den Pavillons gebracht, die in den Gärten Agrippas errichtet waren. Dorthin war das kaiserliche Personal geflüchtet, da

[1] Prätorianer: Die Leibwache des Kaisers. Durch eine erheblich kürzere Dienstzeit und einen dreifachen Sold waren sie wesentlich besser gestellt als die Legionäre.

der ganze Palasthügel mit seinen Palästen, Hallen und Gärten jetzt brannte. Und dort begegneten wir Thisbe, die weinend Myrto in ihre Arme schloß, aber auch Eumolpos und Rufus, der sehr peinlich berührt schien, als er mich sah. Er trat jedoch an mich heran, begann eine Unterhaltung mit mir und versuchte, mich auszuhorchen.

«Weißt du, was sie sagen?» fragte er mich, «sie behaupten, Nero selbst habe das Feuer angezündet. Er habe den Gestank der Armenviertel nicht mehr ertragen wollen und möchte eine neue Stadt aufbauen, die seinen Namen tragen soll.»

«So soll er mit den Armenvierteln auch seinen eigenen Palast verbrannt haben?» fragte ich. «Dort waren doch unzählige Schätze, die nun alle verloren sind, Statuen und Kunstwerke.»

«Ach, bist du dumm!» erwiderte er. «Ist es denn so schwer, neue zu holen? Weißt du, man sagt, er sei zum Theater hinaufgestiegen, von wo aus das Flammenmeer am besten zu sehen war, und habe dort den ‹Untergang Trojas› besungen.»

«Aber Nero war doch am Meer!» widersprach ich.

«Er kehrte zurück, sobald er die Nachricht von dem Brand erhielt. Böse Zungen behaupten, er sei so schnell er nur konnte gekommen, weil er ein solches Schauspiel nicht verpassen wollte. Was meinst du dazu?» fragte er und sah mir dabei gerade in die Augen.

Ich kam nicht dazu, ihm zu antworten, denn ein Sklave kam und richtete mir aus, daß Glaukias mich sprechen wolle.

Als dieser mich sah, empfing er mich mit ironischem Lächeln «Mein junger Athener, wollten wir uns dem Schutz des Kaisers entziehen?»

«Keineswegs wollte ich mich entziehen», antwortete ich. «Aber als ich meine Schwester, die die Proserpina spielte, geraubt hatte und mit ihr in die Wiese lief, fielen wir in ein etruskisches Grab, und erst am Abend gelang es uns, wieder herauszukommen. Wenn du mir nicht glaubst, geh selbst hin und sieh dir die Stelle an!»

Er schien das, was ich erzählt hatte, nicht ganz zu glauben, hieß uns aber, Myrto und mich, zunächst dort zu bleiben, wo wir waren. Die Kaiserin wollte meine Schwester nicht mehr in ihrem Gefolge haben, da Myrto, wie sie meinte, ihr kein Glück bringe. Seit dem Tag, an dem Myrto eingestellt wurde, sei ein wertvoller Ohrring verlorengegangen und ihr geliebtes Malteserhündchen gestorben.

Erleichtert kehrte ich zurück zu Myrto, um ihr die gute Nachricht zu bringen. In dem großen Unglück, daß wir wieder ausgerechnet in die Hände des Glaukias gefallen waren, war es mindestens ein Trost, daß wir zusammenbleiben konnten.

Meine Schwester schaute sich um, ob uns auch niemand zuhörte und flüsterte dann:

«Thisbe hat mich gebeten, bereit zu sein, in die Katakomben zu kommen, sobald sie uns Nachricht gibt.»

«Aber wie sollen wir hier herauskommen?» fragte ich ungläubig.

«Die ganze Wache ist damit beschäftigt, das Feuer zu löschen», erklärte sie. «Und am Abend hat Thisbes Bekannter, der auch Christ ist, Wache. Auf jeden Fall will ich erfahren, was aus Silvanus und Calpurnia geworden ist.»

13. Die Christen haben Rom angesteckt!

Myrto erinnert sich . . .

Heute vor sechs Tagen brach das Feuer aus, und noch ist es nicht gelungen, das Feuer zu beherrschen.

Von den vierzehn «Regionen» — so nennen sie hier die Bezirke der riesigen Stadt — sind nur vier von dem Feuer verschont geblieben. Die anderen zehn sind zu Asche geworden. Es ist unmöglich, die Zahl derer, die in den Flammen den Tod gefunden haben, festzustellen. Die Römer aber beweinen mehr die Schätze und die verbrannten Tempel der Götter als die Menschenleben. Ganz untröstlich sind sie über den Verlust des Vesta-Tempels mit den prophetischen Büchern, die von der Größe Roms reden. Auch der Palast des Königs Numa Pompilius[1] und der Jupitertempel, den Romulus selbst gebaut hat, sind verbrannt. Seit heute morgen hört man schreckliches Getöse. Das kommt von den Häusern, die man niederreißt, um eine weitere Ausbreitung des Feuers zu verhindern.

[1] Numa Pompilius: War einer der ersten Könige Roms und regierte um 600 v. Chr.

Heute mittag aber, nach dem Essen, traf uns jener unsymphatische junge Mann, Lucius Rufus, der Sohn des Proconsuls von Alexandria, als wir gerade miteinander redeten, und sagte:

«Wißt ihr, was ich erfahren habe? Sie haben ermitteln können, wer Rom in Brand gesteckt hat!»

«Ich habe sie sogar mit eigenen Augen gesehen», warf ich ein, «es sind ein paar verabscheuungswürdige Verbrecher, die stehlen und rauben wollten!»

«Verabscheuungswürdig sind sie in der Tat», sagte Lucius spöttisch. «Aber ich weiß nicht, ob sie es nur getan haben, um zu stehlen und zu rauben. Denn die, die das Feuer gelegt haben, sind schlimmer als die schlimmsten Diebe. Es sind die Christen!»

«Die Christen!?» riefen Philippos und ich wie aus einem Munde. Empört widersprach ich.

«Die Christen sind friedfertige, gutmütige Menschen! Niemals würden sie ein solches Verbrechen begehen.»

Rufus schaute mich erstaunt an und runzelte die Stirn.

«Es ist das erste Mal», sagte er, «daß ich jemanden diese Aufrührer in Schutz nehmen höre! Weiß du nicht», dabei betonte er jedes Wort, «daß die Christen die Feinde des Staates und der Religion sind? Sie erkennen die göttliche Herkunft des Kaisers nicht an, sie haben ihren eigenen König, und den allein beten sie an. Sie wagen nicht, ihren Gott in der Öffentlichkeit zu verehren. Sie verbergen sich vielmehr in Steinbrüchen und unterirdischen Grabstätten. Dort treiben sie entsetzliche Dinge, die ich dir nicht beschreiben kann.»

«Woher willst du das wissen?» fragte Philippos, der nur mit Mühe seinen Zorn beherrschte.

«Das weiß ich von einem meiner Sklaven, dem Labdakos, dem sie den Kopf verdreht und erzählt haben, er sei seinem Herrn gleich und daß er, wenn er ihnen nur folgte, auch frei sein könnte. Später jedoch, nach einigen Begegnungen mit ihnen, erkannte er, was für Betrüger sie sind, und hat mir alles erzählt. Er weiß auch, wo sie sich versammeln und wo sie ihre Opfer bringen. Seine Nachrichten werden sehr nützlich sein», fügte er mit einem bösen Lachen hinzu. «Und Nero weiß die Menschen zu belohnen, die ihm dienen.»

Kaum war Rufus wieder fort, lief ich zu Thisbe und sagte ihr, daß wir unbedingt ihre Freunde sprechen und sie über die schreckliche Gefahr, in der sie schwebten, unterrichten sollten. Auch sie hatte schon von dem Gerücht gehört. Die Leute des Kaisers hatten es selbst verbreitet, denn sie waren über den Zorn des Volkes erschrocken, das nun einen Schuldigen suchte, an dem es seine Wut auslassen konnte.

Wir warteten, bis alle schliefen. Dann schlichen wir uns hinaus, Thisbe und ich. Es war so warm, daß Türen und Fenster immer offen standen. So gelangten wir ohne Schwierigkeiten in den Garten. Philippos trafen wir nahe dem Tor. Er war in einen Mantel vermummt, und ich erschrak, als er plötzlich auftauchte. Aber als er seine Kappe abnahm, mußte ich unwillkürlich lachen. Wir gingen schweigend unter den versengten Bäumen und durch die verdorrten Beete. Hier, wo sich früher die schönsten Gärten Roms ausbreiteten, durften — mit Neros Erlaubnis — alle, die ihre Häuser durch den Brand verloren hatten, Zelte aufschlagen. So waren in wenigen Tagen Tausende von Wohnzelten, Baracken, behelfsmäßigen Stroh- und Holzhütten entstanden. Im Vorbeigehen sahen wir hin und wieder ein bescheidenes Licht und hörten Gespräche und Kindergeschrei. Gelegentlich schlüpfte in der Dunkelheit ein Schatten eilig vorbei und schlug denselben Weg ein wie wir. Wir brauchten eine gute Stunde, um zu den Katakomben zu gelangen. Sie waren voll von Menschen. Heute aber herrschte nicht jene Feierlichkeit und himmlische Freude, die wir das letzte Mal erlebt hatten. Viele Frauen lagen auf den Knien und weinten, die Männer beteten, das Gesicht in den Händen verborgen. Von allen Seiten hörte man: «Herr Jesus Christus, erbarme dich unser! Hilf uns, Herr!»

Philippos flüsterte mir zu:

«Die böse Nachricht ist schon bis hierher gedrungen. Die Lage ist schlimmer, als ich dachte.»

«Der Bischof! Der Bischof!» flüsterten sie rings um uns.

Ein Raunen ging durch die Menge, und einige traten beiseite, um einem weißgekleideten alten Mann Platz zu machen, der ein Kreuz auf der Brust trug. Er stieg zum Altar hinauf, breitete seine Hände aus und segnete die Gläubigen. Dann sagte er mit lauter Stimme:

«Liebe Kinder, ich fürchte, uns erwarten schwere Prüfungen. Morgen wird ein kaiserliches Dekret erlassen, das die Christen als die Brandstifter Roms und Feinde der Kaiserherrschaft anklagt. Das bedeutet, daß jeder, der sich zu Christus bekennt, ins Gefängnis kommt. Und welches Schicksal ihn dort erwartet, ist unbekannt.»

«Sie werden uns den Bestien vorwerfen!» hörte man eine weibliche Stimme. Aber ein allgemeines «Pssst!» ließ sie schweigen.

«Die Kirche Christi, liebe Kinder, wird verfolgt. Alle, die ihr euch verbergen oder aus Rom fliehen könnt, habt die Pflicht, das zu tun, damit ihr die Kunde von Christus auch unter anderen Menschen ausbreitet», fuhr der Alte fort. «Verliert nicht den Mut, verleugnet aber auch nicht den Glauben. In den schweren Stunden, die uns erwarten, wollen wir als Halt und Beispiel den Herrn vor Augen haben, der für uns gelitten hat und gestorben ist!»

Unterdrücktes Schluchzen. Ich schaute in den Raum und sah Silvanus, der sich an die Wand lehnte, und neben ihm Calpurnia. Hinter ihr stand der treue Virilus. Unser alter Beschützer hatte den Kopf noch verbunden und war sehr blaß, aber seine Augen leuchteten. Leise trat ich an ihn heran.

«Ich freue mich, liebes Mädchen, daß du wieder da bist», sagte der gute Alte. «Wie du siehst, geht es mir ganz gut, und vor allem hat unser Haus, falls es dich interessiert, am Feuer keinen großen Schaden genommen, so daß wir dorthin zurückkehren können.»

«Aber hier seid ihr in Gefahr», sagte ich.

Er schüttelte den Kopf.

«So lange ich Mehl zum Brotbacken habe, um es an meine armen Brüder auszuteilen, werde ich hierbleiben. Später werden wir weitersehen.»

Philippos kam gerade, um sie auch zu begrüßen, als vom Eingang der Katakombe großer Lärm zu hören war.

«Die Prätorianer!» rief jemand. «Löscht die Lichter!»

Alle Kerzen und Lampen wurden wie mit einem Atemzug gelöscht.

«Durch den rechten Tunnel! Wer kann, soll mir folgen!» lautete der Befehl.

«Silvanus», hörte ich Philippos im Dunkeln sagen, «stütz dich auf meinen Arm und komm auch du, Calpurnia.»

«Nein, liebes Kind», sagte Silvanus ruhig. «Ich bin zu alt und schwach, um euch zu folgen. Ihr seid jung, ihr müßt euch retten, damit ihr eure Kinder den Glauben an Christus lehrt. Mein Segen ist mit euch, geht in Frieden!»

Er streckte die Hand aus, um mich zu segnen, und ich ergriff sie und führte sie an meine Lippen. Dann folgte ich Philippos. In meinem Innern weinte ich.

Philippos erinnert sich . . .

Gerade war es Myrto und mir gelungen, in dem dunklen Stollen zu verschwinden, als schwere Schritte und Waffenklirren in dem Gang, der zu den Katakomben herunterführte, ertönten. Ich hörte eine dröhnende Stimme:

«Wohin führst du uns, Lucius? Ich habe gelernt, in freier Luft zu kämpfen, und nicht, mich wie ein Maulwurf in unterirdischen Stollen zu verkriechen.»

«Du brauchst nur ein paar Fackeln anzuzünden, edler Servilius», war die Antwort. «Dann kannst du ohne die geringste Furcht vorangehen. Labdakos kennt die ganze Gegend hier unten genau.»

«Servilius!» flüsterte Myrto mir zu.

«Lucius Rufus», erwiderte ich. «Er ist es, zusammen mit jenem Verräter, seinem Sklaven, der die Unterschlüpfe der Christen in Erfahrung gebracht hat und sie jetzt preisgibt.»

«Kommt, kommt, vorwärts!» flüsterte unser Führer.

Wir gingen in der Dunkelheit voran, einer an der Hand des andern. Ich hielt Myrto ganz fest, um sie nicht zu verlieren, als ich plötzlich fühlte, wie sie stolperte und meine Hand losließ.

«Myrto!» rief ich. «Bist du verletzt?»

«Sprich nicht so laut!» sagte leise unser Führer. «Willst du, daß sie uns alle fangen?»

Ich streckte tastend meine Hand aus, bis ich Myrtos Hand wieder in meiner spürte. Sie zitterte wie ein kleiner Vogel, der im Netz gefangen ist, und ich drückte ihre Hand, um ihr Mut zu machen. Wir gingen tastend weiter: bald bogen wir um eine Ecke, bald ging der Weg geradeaus, bald hinauf, bald hinab.

Nach Stunden, wie mir schien, glaubte ich plötzlich ein Licht zu sehen.

«Das ist der geheime Ausgang», sagte unser Führer. «Paßt jetzt auf und kommt einzeln vorsichtig heraus, denn es wird bereits hell, und kein Vorübergehender soll euch sehen.»

In der Dunkelheit, die gerade zu weichen begann, sah ich zwei große Augen, die mich ängstlich anschauten.

«Myrto, wir sind gerettet!» rief ich und wandte mich an meine Schwester.

«Ich bin nicht Myrto», sagte eine ängstliche Stimme.

«Bruder!» rief ich verzweifelt nach unserem Führer. «Ich flehe dich an, ich muß zurückkehren. Ich habe Myrto, meine Schwester verloren!»

Er schaute mich besorgt an.

«Warte, bis wir beim Ausgang sind. Dort sind Kerzen und Fackeln. Wenn du zurückgehen und jemanden suchen willst, mußt du Licht haben!»

Zwanzig Schritte weiter öffnete sich der Ausstieg, der ins Freie führte. In der Nische, die in den Fels gehauen war, lag ein Haufen Talgkerzen, Schwefelfäden und Feuersteine. Mein Führer reichte mir einige Kerzen und Fackeln.

«Paß auf, daß du dich nicht verirrst», riet er. «Ich würde mit dir kommen, aber ich bin Diakon und muß meine Herde in Sicherheit bringen. Gott möge dir helfen, daß du das Mädchen, das du suchst, wiederfindest.»

Er zündete mir eine Kerze an und folgte denen, die hinausstiegen. Als ich mich entfernen wollte, rief er mir zu:

«Komm hier wieder heraus! Der große Eingang wird auf jeden Fall geschlossen sein.»

14. Verirrt!

Myrto erinnert sich . . .

Ich hielt Philippos' Hand ganz fest und folgte ihm im Dunkeln, als ich plötzlich über einen Stein stolperte und stürzte.

Beim Fallen muß ich mir den Kopf gestoßen haben und ohnmächtig geworden sein, denn als ich wieder zu mir kam, schmerzte die Stirn stark und mir war so schwindelig, daß ich zuerst gar nicht wußte, wo ich war. Ich stand auf und begann in der Dunkelheit weiterzugehen. Meine Hände berührten in einer Vertiefung eine erloschene Lampe. Da fiel mir wieder ein:

«Ich bin in den Katakomben! Ich bin verloren! Was war aber aus Philippos geworden? Hatte er mich verlassen?»

Ich fing an zu rufen: «Philippos! Philippos», aber nur der Widerhall meiner eigenen Stimme antwortete mir.

Zu Anfang versuchte ich die Richtung einzuschlagen, die wir, wie ich meinte, genommen hatten, als ich hinfiel. Aber nach wenigen Schritten trat ich ins Leere. Ich merkte, daß dies eine Treppe war, und ich stieg sie Stufe um Stufe hinab, indem ich mich mit der Hand an der Wand festhielt. Als ich mich wieder auf ebenem Boden befand, ging ich einige Schritte weiter, wobei ich die Hände vor mir ausstreckte. Dann kam ich an eine Ecke, an der sich der dunkle Stollen teilte.

Jetzt wurde mir klar: Wenn ich weitergehe, bin ich endgültig verloren. Ich war müde und am Ende meiner Kräfte und versuchte, mir selbst Mut zu machen, indem ich mir sagte, daß Philippos mich ganz gewiß suchen würde. Aber dann packte mich erneut die Hoffnungslosigkeit, und ich mußte bei dem Gedanken, daß ich in diesem dunklen Friedhof vor Hunger und Durst sterben würde, weinen.

Wie viele Stunden so vergingen, kann ich nicht sagen. In kleinen Abständen rief ich, tat es aber nicht fortwährend, um meine Kräfte zu schonen. Ich war schon nahe daran, ganz zu verzweifeln, als ich in der Tiefe ein schwaches Licht sah.

Einen Augenblick lang dachte ich, es könnten auch Prätorianer sein, die nach weiteren versteckten Christen suchten, aber die Angst, hier im Dunkeln zu sterben, gab mir Mut, und ich rief ganz laut:

«Philippos! Philippos!»

«Myrto! Myrto! Bist du da?» Es war die Stimme meines Bruders.

Das Licht näherte sich schnell, und nach kurzer Zeit erschien Philippos mit einer großen Kerze in der Hand.

Weinend fiel ich ihm um den Hals und schluchzte.

«Ich dachte schon, ich müßte sterben, ohne dich wiederzusehen.»

«Und ich dachte, ich würde dich nicht mehr finden. Viele Kerzen habe ich beim Suchen verbraucht, dies ist die letzte. Wäre sie ausgebrannt, so wäre es auch mein Ende gewesen.»

«Wird sie bis zum Ausgang reichen?»

«Ich hoffe», sagte er ermutigend. «Aber wie ist es: kannst du gehen?»

Ich faßte ihn am Arm. Ich konnte laufen. Jetzt, da Philippos bei mir war, fürchtete ich nichts mehr. Im Weitergehen beobachtete ich ihn, wie er sich bei jeder Wegbiegung bückte und umsah.

«Was suchst du?»

«Die Zeichen», erwiderte er. «Was tat Ariadne[1]? Sie gab Theseus ein Knäuel Garn, damit er in dem Labyrinth den Rückweg fände. Ich hatte keinen Ariadnefaden, aber ich hatte meinen Mantel. Also riß ich einen Streifen von ihm ab und warf kleine Fetzen auf die Erde, jedesmal dann, wenn der Weg die Richtung änderte.»

15. Abschied

Myrto erinnert sich . . .

Unsere Kerze erlosch hundert Meter vor dem Ausgang, aber nun brauchten wir sie ja auch nicht mehr. Wir kamen in einem kleinen Gehölz ins Freie. Hundert Schritte weiter war eine Wirtschaft. Bänke und Tische waren aufgestellt, und viele Leute hatten sich schon niedergelassen, um sich zu erfrischen. Philippos schaute mich an, setzte sich zu mir in eine entlegene Ecke und rief den Wirt.

«Wir kommen von weit her und sind müde. Bring uns bitte vom Besten, was du hast.»

Er nahm aus seinem Beutel einen silbernen Dinar heraus und legte ihn auf den Tisch. Die Augen des Wirtes leuchteten, und bald kam er mit einem Tablett.

«Mit den vielen Leuten, die heute gekommen sind, würde ich nicht fertig werden, wenn ich auch hundert Hände hätte. Aber für solche Gäste, wie ihr seid . . .»

«Warum sind denn heute so viele Menschen unterwegs?» fragte Philippos.

«Na, woher kommt ihr denn?» entgegnete der Wirt. «Sie haben

[1] Ariadne: Sie war in der griechischen Mythologie die Tochter des Königs Minos. Sie wurde auf der Insel Naxos zurückgelassen.

doch diese unglücklichen Christen aufgegriffen, die Rom in Brand gesteckt haben. Die sollen hier auf ihrem Weg ins Gefängnis vorbeikommen. Morgen wird der Hippodrom geöffnet, und wir werden ein großes Fest feiern. Unser ruhmreicher Kaiser Nero hat Befehl gegeben, aus allen Tiergärten Italiens die wilden Tiere herzubringen und sie hungern zu lassen, bis die Festlichkeiten im Hippodrom beginnen. Ob wir erleben werden, daß Christus herabkommt und seine Gläubigen rettet?» setzte er spottend hinzu und füllte uns die Gläser mit Wein, um dann zu den anderen Gästen zu eilen.

Ich fühlte, wie ich bis ins Innerste erstarrte.

«Mut, Myrto», flüsterte Philippos mir zu und griff nach mir.

Plötzlich erhoben sich die Gäste an den Tischen neben uns und eilten auf die Straße.

«Sie kommen! Sie kommen!» rief jemand von weitem.

«Komm, Myrto», sagte Philippos. «Das schulden wir unseren Freunden!»

Er nahm mich bei der Hand und brachte mich in die erste Reihe.

Der Zug näherte sich uns mit einem berittenen Zenturio an der Spitze. Hinter diesem, zwischen zwei Reihen Prätorianern, gingen die Christen: Männer, Frauen, Mütter und Kinder.

«Vor die Löwen mit den Christen! Die Brandstifter Roms vor die Bestien! Tod! Tod!» grölten die Römer um uns.

Aber die Märtyrer schritten mit erhobenem Haupt, die Augen zum Himmel gerichtet, entschlossen zu dem großen Opfer. Sie sangen alle zusammen und bezeugten ihren Glauben an Christus.

«Thisbe!» sagte plötzlich Philippos, «Silvanus, Calpurnia!»

Unsere treuen Freunde, unsere Beschützer gingen an uns vorbei in den Tod. Einen Augenblick lang trafen meine Augen Thisbes Blick, aber sie wandte ihr Gesicht ab, um nicht zu zeigen, daß sie mich kannte, und mich so zu verraten. Ein Lächeln lag auf ihren Lippen.

Ich griff nach der Hand meines Bruders und sagte leise:

«Laß uns mit ihnen gehen, Philippos. Auch wir sind Christen. In dieser Stunde dürfen wir sie nicht verleugnen.»

Aber er schüttelte den Kopf.

«Nein, Myrto! Hast du gehört, was der Bischof gesagt hat? Wer sich retten kann, soll es tun, um den Glauben an Christus zu retten und ihn an die Menschen weiterzugeben.»

Meine Augen verschwammen. Ich fühlte mein Herz matt werden, die Knie zittern. Ich wäre in Ohnmacht gefallen, wenn mich nicht eine starke Hand gehalten und mir jemand Mut zugesprochen hätte.

«Mut! Myrto! Jetzt ist nicht Zeit, schwach zu werden.»

Es war Nearchos' Stimme. Ich merkte kaum, wie er mich aus der Menschenmenge herauszog und mich an die Seite der Straße führte, während Philippos hinter uns herlief. Dann fiel ich in Ohnmacht.

Ausblick

Philippos erinnert sich . . .

Die beiden Pferde, die Publius vor seinen Wagen gespannt hatte, liefen so schnell, daß wir schon vor Sonnenuntergang nach Antium kamen. Während der Fahrt erklärte mir Nearchos, wie sie in Neapel nach dem Brand einen Befehl erhalten hätten, die Kinder des Athener Sängerchors in ihre Heimat zurückzubringen. Als sie aber in Antium ankamen, hätten sie uns nicht gefunden und gehört, wir seien in Rom. Voll böser Ahnungen war Nearchos in Publius' Wagen nach Rom aufgebrochen. Als er an das Tor kam und dem traurigen Zug der todgeweihten Christen begegnete, fürchtete er schon, auch uns unter ihnen zu sehen. Gottes Hand aber führte ihn zu uns, so daß er uns retten und in die Heimat bringen konnte.

Während ich diese letzten Worte schreibe, halte ich Myrtos Hand. Sie war schwer erkrankt und dem Ende nah. Eben kam Nearchos unter Deck und sagte uns, die Küste von Attika sei in Sicht, und von weitem sehe man schon die Lanzenspitze der Schützerin Athens auf der Akropolis leuchten. Bald würden wir heimatlichen Boden betreten und Tante Eurykleia und unsere Brüder in Athen wiedersehen. Auch die Christen in Rom empfinde ich nun als Brüder und Schwestern, und ich gebe mir selbst das Versprechen, von heute an alle Kraft daranzusetzen, dem Worte Christi zu helfen, Wurzeln zu schlagen, damit der Tag kommt, an dem Menschen in allen Ländern der Welt Jesus Christus als Herrn bekennen und brüderlich in Frieden miteinander leben.

Zwei Bücher von *Mari Hanes:*

Pocahontas – die wahre Geschichte

144 Seiten, Oncken-Taschenbuch, Bestell-Nr. 628 014

Da kamen sie! Obwohl sie Mokassins trugen und so leise wie Rehe am Flußufer entlang huschten, konnte Pocahontas den Rhythmus ihrer Schritte hören.
Unter einer Decke aus Bärenfell verborgen lag Pocahontas auf dem Boden des Kanus. Rasch zog sie die Beine noch enger an ihren Körper heran und machte sich so klein wie möglich. »Sie dürfen mich auf keinen Fall finden«, schoß es ihr durch den Kopf. »Ich will mit auf diese Reise gehen.«

Mari Hanes hat die Abenteuer der Indianerprinzessin Pocahontas, die vor fast 400 Jahren lebte, neu erzählt. Ihre Geschichte ist die eines außergewöhnlich mutigen Mädchens, dessen Leben heute wie damals Menschen begeistert.

Der Sohn der Pocahontas

160 Seiten, Oncken-Taschenbuch, Bestell-Nr. 628 020

Nach dem Tod seiner Mutter Pocahontas wächst Thomas bei seinen Großeltern in England auf. Sein sehnlichster Wunsch ist es, endlich in das Land reisen zu können, in dem er geboren wurde: Amerika. Doch als es endlich so weit ist, herrscht zwischen dem Stamm seiner Mutter und den weißen Siedlern Krieg. Und Thomas muß sich plötzlich zwischen zwei Welten entscheiden – und den beiden Menschen, die ihm am meisten bedeuten.

ONCKEN VERLAG WUPPERTAL UND KASSEL

Zwei Bücher von *Nancy Rue:*

Mehr als ein guter Freund

288 Seiten, Oncken-Taschenbuch, Bestell-Nr. 628 001

Felicia, genannt Felix, hatte die Schule und alles, was damit zusammenhing, restlos satt. Sie verstand nicht mehr, daß sie dieses Leben einmal interessant gefunden hatte: »Ich konnte nicht einmal die Energie aufbringen, mich für ein Rendezvous schick zu machen, geschweige denn, mich für eines zu verabreden. Ich verspürte auch keinerlei Verlangen, in meinen heißen pinkfarbenen Bikini zu schlüpfen und an unsern privaten Strand zu gehen, damit irgendein Typ Stielaugen bekam – und das war für mich wirklich ein kritisches Zeichen ... Ich wollte nichts weiter, als auf meinem Fenstersitz mit Blick auf unsern See sitzen und meine Zehennägel untersuchen. Wenn das kommende Abschlußjahr an der Schule das schönste meines Lebens sein sollte, dann mußten schleunigst ein paar Wunder geschehen.«
Es wurde dann so ein wichtiges und intensives Jahr, daß sie manchmal selbst kaum noch mitkam. Über Langeweile und Lustlosigkeit konnte sie sich jedenfalls nicht mehr beklagen!

Große Klappe, weiche Knie

336 Seiten, Oncken-Taschenbuch, Bestell-Nr. 628 012

Der sechzehnjährige Josh verbringt seine gesamte freie Zeit mit Turmspringen, denn sein großes Ziel im Leben sind die Olympischen Spiele Für ihn ist es klar: Genau das hat Gott mit ihm vor.
Auf dem Weg zum Training muß Josh jeden Tag an dem Treffpunkt einer Jugendbande vorbei. Mit dabei ist auch der kleine vietnamesische Flüchtling Phong. Der Elfjährige ist Feuer und Flamme für Josh. Doch dieser weiß nicht so recht, wie er mit seiner neuen Rolle als Idol umgehen soll. Als er Phong, der ihm immer wichtiger wird, gegen die jugendlichen Drogendealer verteidigt, gerät Josh selbst in die Schußlinie.
Und dann verliebt Josh sich auch noch in Phongs Schwester und merkt, daß es Dinge und vor allem Menschen gibt, die wichtiger sind als die eigenen Träume – und daß das Leben mit Gott eine unerwartete Richtung nehmen kann.

ONCKEN VERLAG WUPPERTAL UND KASSEL